唐高僧传

中国佛学经典宝藏

102

赖永海 释译

星云大师总监修

人民东方出版传媒
东方出版社

图书在版编目（CIP）数据

唐高僧传 / 赖永海 释译 . — 北京：东方出版社，2019.10
（中国佛学经典宝藏）
ISBN 978-7-5060-8629-5

Ⅰ.①唐… Ⅱ.①赖… Ⅲ.①僧侣—列传—中国—唐代
②《唐高僧传》—注释③《唐高僧传》—译文 Ⅳ.① B949.92

中国版本图书馆 CIP 数据核字（2015）第 289529 号

本书中文简体字版权由上海大觉文化传播有限公司独家授权出版
中文简体字版专有权属东方出版社

唐高僧传
（TANGGAOSENG ZHUAN）

释 译 者：赖永海
责任编辑：王梦楠　杨　灿
出　　版：东方出版社
发　　行：人民东方出版传媒有限公司
地　　址：北京市朝阳区西坝河北里 51 号
邮　　编：100028
印　　刷：北京市大兴县新魏印刷厂
版　　次：2019 年 10 月第 1 版
印　　次：2019 年 10 月第 1 次印刷
开　　本：880 毫米 ×1230 毫米　1/32
印　　张：10.5
字　　数：168 千字
书　　号：ISBN 978-7-5060-8629-5
定　　价：55.00 元
发行电话：（010）85924663　85924644　85924641

版权所有，违者必究
如有印装质量问题，我社负责调换，请拨打电话：（010）85924602　85924603

《中国佛学经典宝藏》
大陆简体字版编审委员会

主任委员：赖永海

委　　员：（以姓氏笔画为序）

　　　　　王月清　王邦维　王志远　王雷泉

　　　　　业露华　许剑秋　吴根友　陈永革

　　　　　徐小跃　龚　隽　彭明哲　葛兆光

　　　　　董　群　程恭让　鲁彼德　温金玉

　　　　　潘少平　潘桂明　魏道儒

总序

星云

自读首楞严,从此不尝人间糟糠味;
认识华严经,方知已是佛法富贵人。

诚然,佛教三藏十二部经有如暗夜之灯炬、苦海之宝筏,为人生带来光明与幸福,古德这首诗偈可说一语道尽行者阅藏慕道、顶戴感恩的心情!可惜佛教经典因为卷帙浩瀚、古文艰涩,常使忙碌的现代人有义理远隔、望而生畏之憾,因此多少年来,我一直想编纂一套白话佛典,以使法雨均沾,普利十方。

一九九一年,这个心愿总算有了眉目。是年,佛光山在中国大陆广州市召开"白话佛经编纂会议",将该套丛书定名为《中国佛教经典宝藏》[①]。后来几经集思广

[①] 编者注:《中国佛教经典宝藏》丛书,大陆出版时改为《中国佛学经典宝藏》丛书。

益，大家决定其所呈现的风格应该具备下列四项要点：

一、启发思想：全套《中国佛教经典宝藏》共计百余册，依大乘、小乘、禅、净、密等性质编号排序，所选经典均具三点特色：

1. 历史意义的深远性
2. 中国文化的影响性
3. 人间佛教的理念性

二、通顺易懂：每册书均设有原典、注释、译文等单元，其中文句铺排力求流畅通顺，遣词用字力求深入浅出，期使读者能一目了然，契入妙谛。

三、文简意赅：以专章解析每部经的全貌，并且搜罗重要的章句，介绍该经的精神所在，俾使读者对每部经义都能透彻了解，并且免于以偏概全之谬误。

四、雅俗共赏：《中国佛教经典宝藏》虽是白话佛典，但亦兼具通俗文艺与学术价值，以达到雅俗共赏、三根普被的效果，所以每册书均以题解、源流、解说等章节，阐述经文的时代背景、影响价值及在佛教历史和思想演变上的地位角色。

兹值佛光山开山三十周年，诸方贤圣齐来庆祝，历经五载、集二百余人心血结晶的百余册《中国佛教经典宝藏》也于此时隆重推出，可谓意义非凡，论其成就，则有四点可与大家共同分享：

一、佛教史上的开创之举：民国以来的白话佛经翻译虽然很多，但都是法师或居士个人的开示讲稿或零星的研究心得，由于缺乏整体性的计划，读者也不易窥探佛法之堂奥。有鉴于此，《中国佛教经典宝藏》丛书突破窠臼，将古来经律论中之重要著作，做有系统的整理，为佛典翻译史写下新页！

二、杰出学者的集体创作：《中国佛教经典宝藏》丛书结合中国大陆北京、南京各地名校的百位教授、学者通力撰稿，其中博士学位者占百分之八十，其他均拥有硕士学位，在当今出版界各种读物中难得一见。

三、两岸佛学的交流互动：《中国佛教经典宝藏》撰述大部分由大陆饱学能文之教授负责，并搜录台湾教界大德和居士们的论著，借此衔接两岸佛学，使有互动的因缘。编审部分则由台湾和大陆学有专精之学者从事，不仅对中国大陆研究佛学风气具有带动启发之作用，对于台海两岸佛学交流更是帮助良多。

四、白话佛典的精华集萃：《中国佛教经典宝藏》将佛典里具有思想性、启发性、教育性、人间性的章节做重点式的集萃整理，有别于坊间一般"照本翻译"的白话佛典，使读者能充分享受"深入经藏，智慧如海"的法喜。

今《中国佛教经典宝藏》付梓在即，吾欣然为之作序，并借此感谢慈惠、依空等人百忙之中，指导编修；吉广舆等人奔走两岸，穿针引线；以及王志远、赖永海等大陆教授的辛勤撰述；刘国香、陈慧剑等台湾学者的周详审核；满济、永应等"宝藏小组"人员的汇编印行。他们的同心协力，使得这项伟大的事业得以不负众望，功竟圆成！

《中国佛教经典宝藏》虽说是大家精心擘划、全力以赴的巨作，但经义深邈，实难尽备；法海浩瀚，亦恐有遗珠之憾；加以时代之动乱，文化之激荡，学者教授于契合佛心，或有差距之处。凡此失漏必然甚多，星云谨以愚诚，祈求诸方大德不吝指正，是所至祷。

一九九六年五月十六日于佛光山

原版序
敲门处处有人应

《中国佛教经典宝藏》是佛光山继《佛光大藏经》之后，推展人间佛教的百册丛书，以将传统《大藏经》精华化、白话化、现代化为宗旨，力求佛经宝藏再现今世，以通俗亲切的面貌，温渥现代人的心灵。

佛光山开山三十年以来，家师星云上人致力推展人间佛教，不遗余力，各种文化、教育事业蓬勃创办，全世界弘法度化之道场应机兴建，蔚为中国现代佛教之新气象。这一套白话精华大藏经，亦是大师弘教传法的深心悲愿之一。从开始构想、擘划到广州会议落实，无不出自大师高瞻远瞩之眼光，从逐年组稿到编辑出版，幸赖大师无限关注支持，乃有这一套现代白话之大藏经问世。

这是一套多层次、多角度、全方位反映传统佛教文化的丛书，取其精华，舍其艰涩，希望既能将《大藏经》

深睿的奥义妙法再现今世，也能为现代人提供学佛求法的方便舟筏。我们祈望《中国佛教经典宝藏》具有四种功用：

一、是传统佛典的精华书

中国佛教典籍汗牛充栋，一套《大藏经》就有九千余卷，穷年皓首都研读不完，无从赈济现代人的枯槁心灵。《宝藏》希望是一滴浓缩的法水，既不失《大藏经》的法味，又能有稍浸即润的方便，所以选择了取精用弘的摘引方式，以舍弃庞杂的枝节。由于执笔学者各有不同的取舍角度，其间难免有所缺失，谨请十方仁者鉴谅。

二、是深入浅出的工具书

现代人离古愈远，愈缺乏解读古籍的能力，往往视《大藏经》为艰涩难懂之天书，明知其中有汪洋浩瀚之生命智慧，亦只能望洋兴叹，欲渡无舟。《宝藏》希望是一艘现代化的舟筏，以通俗浅显的白话文字，提供读者遨游佛法义海的工具。应邀执笔的学者虽然多具佛学素养，但大陆对白话写作之领会角度不同，表达方式与台湾有相当差距，造成编写过程中对深厚佛学素养与流畅白话语言不易兼顾的困扰，两全为难。

三、是学佛入门的指引书

佛教经典有八万四千法门，门门可以深入，门门是无限宽广的证悟途径,可惜缺乏大众化的入门导览,不易寻觅捷径。《宝藏》希望是一支指引方向的路标,协助十方大众深入经藏,从先贤的智慧中汲取养分,成就无上的人生福泽。

四、是解深入密的参考书

佛陀遗教不仅是亚洲人民的精神归依,也是世界众生的心灵宝藏。可惜经文古奥,缺乏现代化传播,一旦庞大经藏沦为学术研究之训诂工具,佛教如何能扎根于民间?如何普济僧俗两众?我们希望《宝藏》是百粒芥子,稍稍显现一些须弥山的法相,使读者由浅入深,略窥三昧法要。各书对经藏之解读诠释角度或有不足,我们开拓白话经藏的心意却是虔诚的,若能引领读者进一步深研三藏教理,则是我们的衷心微愿。

大陆版序一

　　《中国佛教经典宝藏》是一套对主要佛教经典进行精选、注译、经义阐释、源流梳理、学术价值分析,并把它们翻译成现代白话文的大型佛学丛书,成书于二十世纪九十年代,由台湾佛光文化事业有限公司出版,星云大师担任总监修,由大陆的杜继文、方立天以及台湾的星云大师、圣严法师等两岸百余位知名学者、法师共同编撰完成。十几年来,这套丛书在两岸的学术界和佛教界产生了巨大的影响,对研究、弘扬作为中国传统文化重要组成部分的佛教文化,推动两岸的文化学术交流发挥了十分重要的作用。

　　《中国佛学经典宝藏》则是《中国佛教经典宝藏》的简体字修订版。之所以要出版这套丛书,主要基于以下的考虑:

　　首先,佛教有三藏十二部经、八万四千法门,典籍浩瀚，博大精深，即便是专业研究者，穷其一生之精力，恐也难阅尽所有经典，因此之故，有"精选"之举。

其次，佛教源于印度，汉传佛教的经论多译自梵语；加之，代有译人，版本众多，或随音，或意译，同一经文，往往表述各异。究竟哪一种版本更契合读者根机？哪一个注疏对读者理解经论大意更有助益？编撰者除了标明所依据版本外，对各部经论之版本和注疏源流也进行了系统的梳理。

再次，佛典名相繁复，义理艰深，即便识得其文其字，文字背后的义理，诚非一望便知。为此，注译者特地对诸多冷僻文字和艰涩名相，进行了力所能及的注解和阐析，并把所选经文全部翻译成现代汉语。希望这些注译，能成为修习者得月之手指、渡河之舟楫。

最后，研习经论，旨在借教悟宗、识义得意。为了将其思想义理和现当代价值揭示出来，编撰者对各部经论的篇章品目、思想脉络、义理蕴涵、学术价值等所做的发掘和剖析，真可谓殚精竭虑、苦心孤诣！当然，佛理幽深，欲入其堂奥、得其真义，诚非易事！我们不敢奢求对于各部经论的解读都能鞭辟入里，字字珠玑，但希望能对读者的理解经义有所启迪！

习近平主席最近指出："佛教产生于古代印度，但传入中国后，经过长期演化，佛教同中国儒家文化和道家文化融合发展，最终形成了具有中国特色的佛教文化，给中国人的宗教信仰、哲学观念、文学艺术、礼仪习俗等留下了深刻影响。"如何去研究、传承和弘扬优秀佛教文化，是摆在我们面前的一个重要课题，人民东方出版传媒有限公司拟对繁体字版的《中国佛教经典宝藏》进行修订，并出版简体字版的《中国佛学经典宝藏》，随喜赞叹，寥寄数语，以叙因缘，是为序。

二〇一六年春于南京大学

大陆版序二

依空

　　身材高大、肤色白皙、擅长军事的亚利安人，在公元前四千五百多年从中亚攻入西北印度，把当地土著征服之后，为了彻底统治这里的人民，建立了牢不可破的种姓制度，创造了无数的神祇，主要有创造神梵天、破坏神湿婆、保护神毗婆奴。人们的祸福由梵天决定，为了取悦梵天大神，需要透过婆罗门来沟通，因为他们是从梵天的口舌之中生出，懂得梵天的语言——繁复深奥的梵文，婆罗门阶级是宗教祭祀师，负责教育，更掌控了神与人之间往来的话语权。四种姓中最重要的是刹帝利，举凡国家的政治、经济、军事、文化等等都由他们实际操作，属贵族阶级，由梵天的胸部生出。吠舍则是士农工商的平民百姓，由梵天的膝盖以上生出。首陀罗则是被踩在梵天脚下的土著。前三者可以轮回，纵然几世轮转都无法脱离原来种姓，称为再生族；首陀罗则连轮回的因缘都没有，为不生族，生生世世为首陀罗，子孙也倒霉跟着宿命，无法改变身份。相对于此，贱民比首陀罗更为卑微、低贱，连四种姓都无法跻身其中，只能从事挑粪、焚化尸体等最卑贱、龌龊的工作。

出身于高贵种姓释迦族的悉达多太子，为了打破种姓制度的桎梏，舍弃既有的优越族姓，主张一切众生皆平等，成正等觉，创立了佛教僧团。为了贯彻佛教的平等思想，佛陀不仅先度首陀罗身份的优婆离出家，后度释迦族的七王子，先入山门为师兄，树立僧团伦理制度。佛陀更严禁弟子们用贵族的语言——梵文宣讲佛法，而以人民容易理解的地方口语来演说法义，这就是巴利文经典的滥觞。佛陀认为真理不应该是属于少数贵族、知识分子的专利或装饰，而应该更贴近普罗大众，属于平民百姓共有共知。原来佛陀早就在推动佛法的普遍化、大众化、白话化的伟大工作。

佛教从西汉哀帝末年传入中国，历经东汉、魏晋南北朝、隋唐的漫长艰巨的译经过程，加上历代各宗派祖师的著作，积累了庞博浩瀚的汉传佛教典籍。这些经论义理深奥隐晦，加以书写的语言文字为千年以前的古汉文，增加现代人阅读的困难，只能望着汗牛充栋的三藏十二部扼腕慨叹，裹足不前。

如何让大众轻松深入佛法大海，直探佛陀本怀？佛光山开山宗长星云大师乃发起编纂《中国佛教经典宝藏》。一九九一年，先在大陆广州召开"白话佛经编纂会议"，订定一百本的经论种类、编写体例、字数等事项，礼聘中国社科院的王志远教授、南京大学的赖永海教授分别为中国大陆北方与南方的总联络人，邀请大陆各大学的佛教学者撰文，后来增加台湾部分的三十二本，是为一百三十二册的《中国佛教经典宝藏精选白话版》，于一九九七年，作为佛光山开山三十周年的献礼，隆重出版。

六七年间我个人参与最初的筹划，多次奔波往来于大陆与台湾，小心谨慎带回作者原稿，印刷出版、营销推广。看到它成为佛教徒家中的传家宝藏，有心了解佛学的莘莘学子的入门指南书，为星云大师监修此部宝藏的愿心深感赞叹，既上契佛陀"佛法不舍一众"的慈悲本怀，更下启人间佛教"普世益人"的平等精神。尤其可喜者，欣闻现大陆出版方东方出版社潘少平总裁、彭明哲副总编亲自担纲筹划，组织资深编辑精校精勘；更有旅美企业家鲁彼德先生事业有成之际，秉"十方来，十方去，共成十方事"之襟怀，促成简体字版《中国佛学经典宝藏》的刊行。今付梓在即，是为序，以表随喜祝贺之忱！

二〇一六年元月

目 录

题 解 001

经 典 009

1 道宣序 011
2 译经 014
    梁扬都庄严寺沙门释宝唱（附梁武帝） 014
    元魏南台洛下永宁寺天竺沙门菩提流支 024
    陈南海郡天竺沙门拘那罗陀 030
    隋西京大兴善寺北贤豆沙门阇那崛多 040
    隋东都洛滨上林园翻经馆南贤豆沙门达摩笈多 052
    隋东都上林园翻经馆沙门释彦琮 060
    唐京师大慈恩寺释玄奘 076
3 义解 096
    梁扬都庄严寺沙门释僧旻 096
    魏西河石壁谷玄中寺释昙鸾 107

梁会稽嘉祥寺释慧皎　112
陈扬都兴皇寺释法朗　114
陈摄山栖霞寺释慧布　119
隋京师大兴善寺释僧粲　125
隋京师延兴寺释吉藏　130
唐京师宏福寺释僧辩　141
唐京师宏福寺释灵润　146

4　习禅　159

魏嵩岳少林寺天竺僧佛陀　159
齐邺下南天竺僧菩提达磨　163
齐邺中释僧可　166
隋南岳衡山释慧思　173
隋国师智者天台山国清寺释智顗　187
唐天台山国清寺释灌顶　212
唐并州玄中寺释道绰　223
唐润州牛头沙门释法融　228
蕲州双峰山释道信　240

5　明律　244

梁扬都天竺寺释法超　244

6　护法　248

东魏洛都融觉寺释昙无最　248
唐终南山龙田寺释法琳　253

7　感通　271
　　魏洛京永宁寺天竺僧勒那漫提　271

8　遗身　276
　　南齐蜀部会州寺沙门释法凝　276

9　读诵　279
　　魏泰岳人头山衔草寺释志湛　279

10　兴福　284
　　梁蜀都沙门释明达　284

11　杂科声德　289
　　陈扬都光宅寺释慧明　289

源　流　293

解　说　299

参考书目　305

《唐高僧传》,又称《续高僧传》或《高僧传二集》。其称《续高僧传》者,盖因在此之前,已有一系统之僧传——梁慧皎之《梁高僧传》,而慧皎之《梁高僧传》史上常径称《高僧传》;加之此传在体例等方面乃续《梁高僧传》而作,因此有《续高僧传》之称。此外,因此传成书于唐代,系唐代僧人道宣所撰,故佛教史上又多以《唐高僧传》名之。

　　然近人杨文会居士对于以上二名均不满意,他认为称《唐高僧传》尤为不妥,理由是此传之所收录者,唐代以前的僧人居多,故于金陵刻经处本的按语中,他改《梁高僧传》为《高僧传初集》,改此传为《高僧传二集》。杨氏所言虽不无一定的道理在,但因此书以《唐高僧传》命名已久,历代相承,学界对它已有约定俗成之感，故现一仍其旧，以《唐高僧传》名之。

《唐高僧传》全书凡三十卷，按作者道宣在序言中说：它所跨越的时间，始自梁初，终于唐贞观十九年（公元六四五年），计一百四十四年；所收僧人三百三十一位，此外，旁出附见者又一百六十人。

但据著名历史学家陈垣先生考证，第一，《唐高僧传》并非如作者本人所言，迄于唐贞观十九年，而是迄于唐麟德二年（公元六六五年），亦即较作者所言，往后推了二十年。陈垣先生以《玄奘传》中之"奘卒于麟德元年"、《昙光传》中所称"今麟德二年"等史事为佐证，令人信服，说明他之考证是正确的。

第二，传中所收录之僧数，亦非如道宣在序言所说的，"正传三百三十一人，附见一百六十人"。在如实地统计了传中所载僧数后，陈垣先生指出："今考本书正传四百八十五人，附见二百二十九人，与自序绝异。"

本来，作者对自己著作所包容时间及收录僧数应该是最清楚的，但由于作者在写完序言后，对著作之内容及收录僧人屡有增补，由此造成序言与僧传本身在时限、僧数上的差异，这是读本僧传时应该首先予以注意的。

读《唐高僧传》应该注意的另一个问题，是本僧传之体例、结构。就体例言，本僧传基本承袭《梁高僧传》，它亦分全传为十科，但各科之名目与《梁传》略有不同。其中完全沿袭《梁传》者，有"译经""义解""习禅""明律""护法""兴福"六科；改变科名而内容无大异者，有三科，即改"神异"为"感通"，改"诵经"为"读诵"，改"忘身"为"遗身"；而置于全传末后者，《梁传》称"唱导"，《唐传》则称"杂科"。科名虽迥异，但内容却无大殊，差别只在于《唐传》把《梁传》中之"经师"和"唱导"合在一起，称为"杂科"。

至于各科在传中之分布，则大致如次："译经"仍居篇首，占四卷（卷一至卷四），"义解"次之，占十一卷（卷五至卷十五），"习禅"第三，占五卷（卷十六至卷二十），"明律"第四，占二卷（卷二十一、卷二十二），"护法"第五，占二卷（卷二十三、卷二十四），"感通"第六，占二卷（卷二十五、卷二十六），"遗身"第七，占一卷（卷二十七），"读诵"第八，占一卷（卷二十八），"兴福"第九，占一卷（卷二十九），杂科最后，亦占一卷（卷三十）。

此外，在体例、结构方面，《唐传》还有一点是承袭《梁传》者，即在各科之末后，都系以论赞，其主要内容用作者自己的话说，即在"搜擢源派，剖析宪章，粗识词令，琢磨行业"。此论赞往往是作者点睛之笔，值得一读。

较诸《梁传》,《唐传》在收录范围上有很大的变化。这里所说的收录范围,并非仅指时间范围,主要是指地域范围。由于《梁传》成书于天下分治之南北朝,作者身居江南,其所收录者,"偏在江左诸僧",江北之僧人所收寥寥无几,用道宣的话说,即"缉裒吴越,叙略魏燕";《唐传》即不同,因道宣所处之时代,天下一统,文献齐备,不论吴越之高僧,抑或魏燕之大德,他都能有所了解,加以收录。因此,《唐传》除续收了《梁传》之后的僧人外,还增补了一些《梁传》所遗漏之北方僧人,使得《唐传》所收录的僧人更全面,更具广泛性。

作为一部僧传,《唐高僧传》之佛教史价值,自是毋庸置言,值得指出的是,《唐传》之学术价值远超出佛教史范围。据陈垣先生考证,自梁至唐的古代正史中之许多传、志,"非《唐高僧传》不能解释者"甚众;此外,它对于后人研究此一时期之文学、艺术乃至地理、民俗等,也提供了许多十分宝贵的资料。道宣在序言中说:他撰这部僧传时,曾或博谘先达,或取讯行人,或录自国史、集传,或引自郊郭碑碣。此中的有些资料,虽有点类似于"野史""杂闻",但也许正因为如此,适可补"正史"之不足,故它于治史者实功不可没。

此传的作者道宣其人，系唐代一位颇具影响之高僧。他于中国佛教的最大贡献有二：一是对于律学之整治与弘扬，二是在整理佛教文史学方面做了大量的工作。就律学言之，他整治、弘扬《四分律》，并以止、作二持概括之；倡圆融三学，会通了大小二乘；开创、建立律宗，为南山律宗之初祖。就佛教文史学方面说，他著述甚丰，且多为名作，如《释迦方志》（二卷）、《集古今佛道论衡》（四卷）、《大唐内典录》（十卷）、《广弘明集》（三十卷）等，都是治佛教史乃至文学艺术史者不可不读之名著。唐代智昇称他"外博九流，内精三学，戒香芬洁，定水澄奇，存法护城，著述无辍"，诚确评也。

较诸《梁高僧传》，《唐传》之卷数、篇幅增加了一倍多。虽然入录者亦多属一代高僧，但由于此书之篇幅所限，故只能选录其中之"佼佼者"；至于各个具体之僧传，为了保持资料之完整性，多取全文，少数篇幅较长的，只好选录那些最能体现其生平事迹及思想、事业之资料。而凡是删节部分，都用省略号标出。

本书主要依据金陵刻经处本，因此版本曾几经校勘，错讹相对少些，但在全书卷数及各科与各卷之对应关系上，则取《大正藏》本之说法，因为《大正藏》是目前海内外最流行之版本，加之，各种工具书对《唐高僧传》的介绍亦多取《大正藏》的说法，为了便于读者查询，本题解对全书卷数之介绍，取三十卷说。

1 道宣序

原典

昔梁沙门金陵释宝唱撰《名僧传》，会稽释惠皎撰《高僧传》，创发异部，品藻恒流。详核可观，华质有据，而缉裒吴越，叙略魏燕。良以博观未周，故得随闻成彩，加以有梁之盛，明德云繁。……余青襟之岁，有顾斯文。祖习乃存……敢以不才，辄陈笔记。引疏闻见，即事编韦。

……或博谘先达，或取讯行人，或即目舒之，或讨雠集传。南北国史，附见徽音；郊郭碑碣，旌其懿德，皆撮其志行，举其器略。……始距梁之初运，终唐贞观十有九年，一百四十四载。包括岳渎，历访华夷。正传三百三十一人，附见一百六十人。序而申之，大为十例：一曰译经，二曰义解，三曰习禅，四曰明律，五曰护法，六曰感通，七曰遗身，八曰读诵，九曰兴福，十曰杂科。凡此十条，世罕兼美。今就其尤最者，随篇拟伦。

自前传所叙，通例已颁，回互抑扬，实遵宏检。且夫经导两术，掩映于嘉苗；护法一科，纲维于正网，必附诸传述。……且树十科结成三帙，号曰《续高僧传》。

译文

过去梁沙门宝唱曾撰《名僧传》，会稽惠（慧）皎更著《高僧传》，首开僧传之先河，资料翔实，文辞亦佳，但多偏重于收录吴越一带（即江南）的僧人，而忽略了魏燕（即北方）大德。自梁之后，又高僧辈出，代有其人，谁能续而补之，使慧灯永传，大德名世呢？……我自少曾阅览过这些传记，对僧史略知一二。为了存续祖习……敢以不才，引用经疏及所见所闻编写成书。

……此传之撰著，或博谘先达，或问讯行人，或录自国史、集传，或采于郊郭碑文，撮诸大德之志行，举众高僧之德操。……始自梁朝初年，终于唐贞观十九年（实际上终于唐麟德二年），计一百四十四载（实际上前后达一百六十年）。其地域包括五岳四渎，其人物则遍访华夏、夷狄。正传三百三十一人（实际上正传四百八十五人），附见一百六十人（实际上附见二百二十九人），分类编排，大为十科：一曰译经，二曰义解，三曰习禅，四曰明律，五曰护法，六曰感通，七曰遗身，八曰读诵，九曰兴福，十曰杂科。凡此十条，世上罕有兼美之人，故按某个僧人最突出的德业，分别将他们编于某一科，于篇末略置简论。

就体例言，基本遵循《梁高僧传》，唯合"经师""唱导"为"杂科声德"，新增"护法"一科。……并将此十科，辑成三帙，号曰《续高僧传》。

2　译经

梁扬都庄严寺沙门释宝唱（附梁武帝）

原典

释宝唱，姓岑氏，吴郡[①]人。即有吴建国之旧壤也。少怀恢敏，清贞自蓄，顾惟只立，勤田为业。资养所费，终于十亩，至于傍求，佣书取济。寓目疏略，便能强识，文彩铺赡，义理有闻。

年十八，投僧祐律师而出家焉。祐江表僧望，多所著述，具如前传纪之。唱既始陶津，经律谘禀。承风建德，有声宗嗣。住庄严寺。博采群言，酌其精理。又惟开悟士俗。要以通济为先，乃从处士顾道旷、吕僧智等，习听经、史、《庄》、《易》，略通大义。时以其游涉世务，谓有俗志。为访家室，执固不回。将及三十，天荫既崩，丧事云毕，建武二年摆拨常习，出都专听，涉历五载，又中风疾。会齐氏云季，遭乱入东。远至闽越，讨论旧业。天监四年，便还都下，乃敕为新安寺主。

帝以时会云雷，远近清晏。风雨调畅，百谷年登。岂非上资三宝，中赖四天，下借神龙。幽灵叶赞，方乃福被黔黎，歆兹厚德。但文散群部，难可备寻，下敕令唱总撰集录，以拟时要。或建福禳灾，或礼忏除障，或飨接神鬼，或祭祀龙王，部类区分，近将百卷，八部神名以为三卷。包括幽奥，详略古今。故诸所祈求，帝必亲览。指事祠祷，多感威灵，所以五十许年，江表无事，兆民荷赖，缘斯力也。

天监七年，帝以法海浩瀚，浅识难寻，敕庄严僧旻，于定林上寺，缵《众经要抄》八十八卷。又敕开善智藏，缵《众经理义》，号曰义林，八十卷。又敕建元僧朗，注《大般涅槃经》，七十二卷，并唱奉别敕，兼赞其功。纶综终始，缉成部帙。

及简文之在春坊，尤耽内教，撰《法宝联璧》二百余卷，别令宝唱缀秖区别，其类遍略之流。帝以佛法冲奥，近识难通，自非才学，无由造极，又敕唱自大教东流，道门俗士，有叙佛理著作宏义，并通鸠聚，号曰

《续法轮论》，合七十余卷。使夫迷悟之宾，见便归信，深助道法，无以加焉。又撰《法集》一百三十卷，并唱独专虑，缵结成部。上既亲览，流通内外。

十四年，敕安乐寺僧绍，撰《华林佛殿经目》，虽复勒成，未惬帝旨，又敕唱重撰。乃因绍前录，注述合离，甚有科据，一帙四卷，雅惬时望，遂敕掌华林园宝云经藏。搜求遗逸，皆令具足，备造三卷，以用供上。缘是又敕撰《经律异相》五十五卷、《饭圣僧法》五卷。帝又注《大品经》五十卷。于时佛教隆盛，无得称焉，道俗才华，互陈文理。

自武帝膺运，时年三十有七，在位四十九载，深以庭阴早倾，常怀哀感，每叹曰："虽有四海之尊，无由得申罔极。"故留心释典，以八部般若为心良田，是诸佛由生。又即除灾涤累故，收采众经，躬述注解，亲临法座，讲读敷宏。用此善因，崇津灵识，频代二皇；舍身为僧给使，洗濯烦秽，仰资冥福。每一舍时，地为之震。相继斋讲，不断法轮。为太祖文皇，于钟山竹涧，建大爱敬寺。……帝又于寺中龙渊别殿，造金铜像，举高丈八，躬申供养。每入顶礼，歔欷哽噎，不能自胜。预从左右，无不下泣。

又为献太后，于青溪西岸建阳城门路东，起大智度寺。……寺成之日，帝顾谓群后曰："建斯两寺，奉福二皇,用表罔极之情,以达追远之思,而不能遣蓼莪②之哀。"复于中宫,起至敬殿景阳台,立七庙室。……又作《联珠》五十首,以明孝道。又制《孝思赋》,广统孝本。至于安上治民,移风易俗,度越终古,无得而称。……

又以大通元年,于台城北,开大通门,立同泰寺。楼阁台殿,拟则宸宫,九级浮图,回张云表,山树园池,沃荡烦积。其年三月六日,帝亲临幸,礼忏敬接,以为常准,即舍身之地也。虽亿兆务殷,而卷不辍手,披阅内外经论典坟,恒以达曙为则。自《礼记》、《古文》、《周书》、《左传》、《庄》《老》诸子、《论语》、《孝经》,往哲所未详,悉皆为训释。又以国学员限,隔于贵贱。乃更置五馆,招引寒俊。故使孔释二门,荣茂峙列。

帝前后集百有余卷,著通史书苑数千卷。唱当斯盛世,频奉玺书,预参翻译,具如别传。初唱天监九年,先疾复动,便发二愿,遍寻经论使无遗失,搜括列代僧录,刱区别之,撰为部帙,号曰《名僧传》,三十一卷。至十三年,始就条列,其序略云:"夫深求寂灭者,在于视听之表;考乎心行者,谅须丹青③之工。是知万象森罗,立言之不可以已者也。大梁之有天下也,威加赤县④,功济苍生。皇上化范九畴⑤,神游八正,顶戴法桥，服膺甘露。窃以外典鸿文，布在方册，九品六艺，尺寸罔遗，而沙门净行，独亡纪述。玄宗敏德，名绝终古，拥叹长怀，靡兹永岁。律师释僧祐，道心贞固，高行超邈，著述诸记，振发宏要。宝唱不敏，预班二落，礼诵余日，捃拾遗漏。"文广不载。

初以脚气连发，入东治疗，去后敕追，因此抵罪，谪配越州。寻令依律以法处断，僧正慧超任情乖旨，摈徙广州。先忏京师大僧寺遍，方徙岭表，永弃荒裔。遂令鸠集为役多阙。昼则伏忏，夜便缵录，加又官私催逼，惟日弗暇，中甄条流，文词坠落。将发之日，遂以奏闻，有敕停摈，令住翻译，而此僧史方将刊定。改前宿繁，更加芟足，故其传后自序云："岂敢谓僧之董狐，庶无曲笔耳。"然唱之所撰，文胜其质，后人凭据，揣而用之。故数陈赏要，为时所列。不测其终。

注释

① **吴郡**：今江苏吴县。

② **蓼莪**：原为《诗·小雅》篇名，乃为追念父母而作，后多指对亡亲之悼念。

③ **丹青**：古代丹册记勋，青史记事，丹青犹言史籍。

④ **赤县**：谓中国也。另，唐代县等级之一。

⑤ **九畴**：原指禹治理天下之九类大法，此指军国政务。

译文

释宝唱，俗姓岑，吴郡（今江苏苏州）人。吴郡即孙吴建国之故地。年少时诙谐机敏，清贞好静，家有耕地十亩，靠种田谋生，每到晚上，即替人抄写文书账簿，以弥补日常之费用。强记博闻，过目不忘，且颇识义理，很有文采。

十八岁时，投僧祐律师出家。僧祐乃江南名僧，著述甚富，详见本传。宝唱既入佛门，即博览经论，承僧祐之教诲，颇有建树。后来止住于庄严寺。博采群言，酌其精理；又认为开悟士俗，须以通济为先，故从处士（未仕或不仕之士人）顾道旷、吕僧智等人学经、史、《庄》、《易》，略通大义。当时人们因他游历世务，以为他有入俗之志。有一次回家探亲，即不返回寺院；到了近三十岁时，父母亡故，他料理好后事，于建武二年（公元四九五年）放弃日常修习，离开京都专门听人讲经，历时五年，又得风疾。为逃避战乱，又到福建、浙江一带参禅、游学，斟酌义理。天监四年（公元五〇五年）入京，奉敕任新安寺主。

梁武帝时，时局稳定，天下太平，风调雨顺，五谷丰登，这正是他信奉佛教、三宝护佑、神龙共助的结果，平民百姓也因之蒙被福佑。但因为战乱刚刚平息，经书典籍大多散佚亡失，很难查寻，梁武帝遂敕宝唱总撰集录，以满足当时之需要。集录按建福禳灾、礼忏悔罪、飨接神鬼、祭祀龙王等分门别类，篇幅近百卷之多；分八部神名为三卷。包含广博，通贯古今，很受梁武帝的赏识。梁武帝常祀祭祈祷，屡有灵感，所以五十几年间，天下太平，万民蒙福。

天监七年（公元五〇八年），梁武帝考虑到佛教典籍浩瀚，一般人很难查阅，敕庄严寺僧旻，于定林上寺，撰《众经要抄》八十八卷。又敕开善寺智藏，撰《众经理义》，号称"义林"，八十卷。又敕建元寺僧朗，注《大般涅槃经》七十二卷。宝唱奉敕参与其事，纶综始终，辑成部帙。

简文帝萧纲在春坊（即太子宫）时，崇信佛教，撰《法宝联璧》二百余卷，令宝唱缀文、分类。帝以佛法深奥广博，一般人很难读精通，没有上等才学，不能窥其底蕴，又敕宝唱把佛教东传之后，一些高僧大德、世俗士子有关阐释佛教义理之著述等，加以搜集整理，称为《续法轮论》，共七十余卷，使一般凡夫俗子，见而归信，极大地推动了佛法的普及、弘扬。又撰《法集》

一百三十卷（一说一百四十卷）。这些都得到当时皇帝的赏识并广为流传。

天监十四年，敕安乐寺僧绍，撰《华林佛殿经目》，僧绍虽然写出了初稿，但梁武帝不甚满意，又敕宝唱重新撰写，宝唱乃对僧绍之《经目》重新进行改订，共四卷，分类合理，注述得当，颇受各界赞赏，梁武帝遂敕他主管华林园宝云经藏。宝唱广泛搜求遗失经典，使之日臻完备，并从中整理出三卷，送给梁武帝观览。因此之故，又敕宝唱撰《经律异相》五十五卷、《饭圣僧法》五卷。梁武帝又注释《大品般若经》五十卷。其时佛法极是隆盛。佛门大德、世俗才子，互相酬唱，畅说义理。

自梁武帝三十七岁受运登基，在位四十九年，常常感叹虽有四海之尊，但人生短暂，难申无量功德，故留心佛典，以八部般若为成佛之心田。为了涤除世俗烦恼染垢，他又收集众经，亲自注解，莅临法座，讲经弘法，以此善因，陶冶生灵。他还屡次舍身佛门，为众僧使唤，以洗涤烦恼染垢。每次舍身之时，都有地动之祥瑞，并大开斋讲，盛弘佛法。曾为太祖文皇帝于钟山竹涧建大爱敬寺。……梁武帝又于寺中龙渊别殿，造金铜像，高丈八，亲自供养。每次前去礼拜时，都悲恸哽噎，不能自已，左右随从无不泪流满面。

梁武帝又于青溪西岸建阳城门路东，为献太后建大智度寺。……寺成日，他对群臣说："建此二寺，奉福二皇，以表对父皇母后无量崇敬、追念之情，虽然如此，尚不足以表达我哀悼之意。"又于中宫建至敬殿景阳台，立七庙室。……又作《联珠》五十首，以明孝道；又制《孝思赋》，广统孝本。此于安上治民，移风易俗，功莫大焉。……

又以大通元年（公元五二七年）于台城北，开大通门，立同泰寺，楼阁台殿，类似王宫；九级浮屠，耸入云端，树木繁茂，园池环绕。其年三月六日，梁武帝亲自驾临该寺，礼忏敬接，以为常则。此则其舍身之地也。虽然他日理万机，军国政事极其繁忙，但他仍然手不释卷，披阅内外经典，经常通宵达旦。自《礼记》、《古文》、《周书》、《左传》、《庄》《老》诸子、《论语》、《孝经》，凡前人所未详加阐析者，他都加以训释。又以国学人员为贵贱等级所限制，他更置五馆，招引寒门学子，故使儒释二门，皆成显学，相得益彰。

梁武帝先后集百余卷，撰通史书苑数千卷。宝唱值此盛世，屡奉敕书，参与翻译、撰著。在天监九年时，旧疾复发，宝唱便发二愿，欲遍找经论，使无遗漏。遂搜集历代僧录，并加以分门别类，编辑成册，称为《名僧传》，共三十一卷。到了天监十三年，他在序中写道："希求寂灭者，超出视听之外；考察心行者，则须有典籍记述之功。是知森罗万象，立言之不可废也。大梁之所以有天下，在于威加赤县神州，功济百姓。皇上化范天下，神游八方，崇信佛法，归敬三宝。私下以为儒家典籍，历代撰集，九品六艺，样样齐全，而沙门净行，却很少有系统之记述，此种情况，不能不使人感慨万端。僧祐律师，道心坚贞，高行卓绝，曾著述诸记，以弘扬僧德道行。贫道不敏，拟承其遗风，继其事业，搜集各种僧史、经录，务使无所遗漏。"文字甚长，此不悉载。

起初，宝唱因脚气之疾发作，私自去外地治疗，被梁武帝知道后，下敕追回，因触犯天条，被贬谪越州。朝廷还欲以律法断其足，亏好僧正慧超任情违旨，才被处罚摈徙广州。宝唱先到京都诸大寺礼忏，准备日后永远置身荒蛮之地。又令其以搜集典籍史料以代役。宝唱白天礼忏，夜间撰录，加之官私两面催逼，终日不得余暇。即将出发之日，获敕停止摈徙，令其住京都任翻译之职，而此时《僧史》即将刊定，他遂改前宿繁，并加芟足之事，所以在其传的自序中说："岂敢以僧中之董狐（史称直笔'良史'）自诩，只是无曲笔而已。"但宝唱之许多撰述，文胜其质，后人不时引用他的撰述。亦不知所终。

元魏南台洛下永宁寺天竺沙门菩提流支

原典

　　菩提流支，魏言道希，北天竺人也。遍通三藏，妙入总持①。志在宏法，广流视听，遂挟道宵征，远莅葱左。以魏永平之初，来游东夏。宣武皇帝，下敕引劳，供拟殷华，处之永宁大寺。四事②将给，七百梵僧，敕以流支为译经之元匠也。……

　　先时流支奉敕创翻《十地》，宣武皇帝命章一日亲对笔受，然后方付沙门僧辩等。迄尽论文，佛法隆盛，英俊蔚然，相从传授，孜孜如也。帝又敕清信士③李廓，撰《众经录》，廓学通玄素④，条贯经论，雅有标拟，故其录云："三藏流支，自洛及邺，爰至天平二十余年，凡所出经，三十九部，一百二十七卷，即《佛名》《楞伽》《法集》《深密》等经，《胜思惟》《大宝积》《法华》《涅槃》等论是也。并沙门僧朗、道湛及侍中崔光等笔受，具列唐贞观《内典录》。"廓又云："三藏法师流支房内，经论梵本，可有万夹，所翻新文笔受藁本⑤，满一间屋。然其慧解与勒那相亚，而神悟聪敏，洞善方言，兼工咒术，则无抗衡矣。"

　　尝坐井口，澡罐内空，弟子未来，无人汲水，流支乃操柳枝，聊扐⁶井中，密加诵咒，才始数遍，泉水上涌，平及井栏，即以钵酌，用之盥洗。旁僧具见，莫测其神，咸共嘉叹大圣人也。流支曰："勿妄褒赏，斯乃术法，外国共行，此方不习，谓为圣耳。"惧惑世人，遂秘不传。于时又有中天竺僧勒那摩提，魏云宝意，博赡之富，理事兼通，诵一亿偈。偈有三十二字。尤明禅法，意存游化。以正始五年，初届洛邑，译《十地》《宝积论》等大部二十四卷。又有北天竺僧佛陀扇多，魏言觉定，从正光年，至元象二年，于洛阳白马寺及邺都金华寺，译出《金刚上味》等经十部。当翻经日，于洛阳内殿。流支传本，余僧参助。其后三德乃徇流言，各传师习，不相询访。帝以宏法之盛，略叙曲烦，敕三处各翻，讫乃参校。其间隐没，互有不同。致有文旨，时兼异缀。后人合之，共成通部，见宝唱等录。

初宝意沙门神理标异，领牒魏词偏尽隅奥，帝每令讲《华严经》，披释开悟，精义每发。一日正处高座，忽有持笏执名者，形如天官，云奉天帝命，来请法师讲《华严经》。意曰："今此法席尚未停止，待讫经文，当从来命。虽然，法事所资，独不能建，都讲、香火、维那、梵呗咸亦须之，可请令定。"使者即如所请见讲诸僧。既而法事将了，又见前使，云奉天帝命，故来下迎，意乃含笑熙怡，告众辞诀，奄然卒于法座。都讲等僧亦同时殒。魏境闻见，无不嗟美。……

又熙平元年，有南天竺波罗柰城婆罗门姓瞿昙氏，名般若流支，魏言智希。从元象元年至兴和末，于邺城译《正法念》《圣善住》⑦《回诤》《唯识》等经论，凡一十四部，八十五卷。……当时有沙门菩提流支，与般若流支前后出经，而众录传写，率多轻略，各去上字，但云"流支"，而不知是何流支？迄今群录，译目相涉，难得详定。……

注释

① **总持**：梵语陀罗尼之意译，具有能持能遮之义。能持者，可使持善不失；能遮者，可使诸恶不起。又可分为五种：一是闻持，即闻一字之声，可悟五乘教法；二是法持，于教法闻持而不忘；三是义持，于诸法之义，总持而不失；四是根持，于六根之缘境，总持而无余念；五是藏持，总持如来藏之理而不失。

② **四事**：亦作四事供养，即供给、资养佛、僧等日常生活所需之四事：衣服、饮食、卧具、医药；或指衣服、饮食、汤药、房舍等。

③ **清信士**：又作近事男、优婆塞等，即受五戒之在家男子。

④ **玄素**：玄，缁之意，指披着缁衣（黑色衣服）之僧人之学问，亦即佛学；素，白之意，此指佛教之外的学问。

⑤ **藁本**：同稿本。

⑥ **扨**：通挥。

⑦ **圣善住**：《大正藏》第十二册收录《圣善住意天子所问经》三卷，元魏毗目智仙共般若流支译。由于般若流支与菩提流支同为流支，故本传叙及菩提流支译此经，有待考证。

译文

菩提流支，汉译称为道希，北天竺人，学通三藏，善解义理，有志于弘扬佛法，于是在一个晚上，悄然离开家乡，到了葱岭以东地区。并于北魏永平初年（公元五〇八年）来到洛阳，魏宣武帝甚加礼接，敕住于永宁寺。住寺期间，衣食汤药供养丰足，皇帝还敕令七百梵僧，协助菩提流支翻译佛经。……

起初，菩提流支奉敕翻译《十地经论》时，宣武皇帝曾亲对笔受，然后才交付沙门僧辩等缀文、誊写，一时佛法隆盛，英才辈出，相互传授，孜孜不倦。宣武帝又敕居士李廓，撰写《众经目录》。李廓学通内外，博览经论。他在经录之序言中说："自魏太平至天平二十多年间，菩提流支从洛阳到邺城，共翻译佛经三十九部，一百二十七卷，即《佛名》《楞伽》《法集》《深密》等经，《胜思惟》《大宝积》《法华》《涅槃》等论。沙门僧朗、道湛及侍中崔光等担任笔受之职。这些都载于《大唐内典录》中。"李廓在序言中又说："三藏法师菩提流支房间里面，梵本经论有近万夹，新翻经典笔受稿本塞满整个房间。其义解与勒那摩提不相上下，而在神悟聪明、善达方言及擅长咒术等方面，则无人可与之抗衡。"

有一次，他坐于井沿上准备洗澡，但澡罐内没有水，其弟子们又还未来，没有人替他提水，他手持一柳枝，直捅井底，并念动咒语，才念了几遍，只见井水直往上涌，一直涌至井口，他就用钵舀水，用以洗澡。其他的僧人见到这一情景，都赞叹他是大圣人。菩提流支说："不要妄加夸赞，此乃法术，外国很盛行，但此地并不流行，因此都误以为圣人而已。"怕疑惑世人，不敢把这种咒术传授给别人。当时又有中天竺僧人勒那摩提，汉地称宝意，见多识广，理事兼通，曾诵一亿句偈。当时每句偈有三十二字。对于禅法，尤为精通，他立志游方弘法，于正始五年（公元五〇八年）来到洛阳，译出《十地经论》《宝积论》等。又有北天竺僧人佛陀扇多，汉语称为觉定，从正光年间至元象二年（公元五三九年）于洛阳白马寺及邺都金华寺，译出《金刚上味》等经十部。在译场中，菩提流支担任主译，其他的僧人助译。后来勒那摩提、佛陀扇多及菩提流支三人为流言所误，没有合作到底，大家各传师习，不相询访。后来，宣武帝让他们三人各自翻译经典，译完之后，互相参校。三人译本，各有千秋，后人对几个译本加以兼糅，合成一部，事见宝唱所撰之《众经目录》。

起初，僧人宝意精通义理，寻幽探赜，宣武帝每次令他讲解《华严经》时，常常鞭辟入里，阐释精微。有一天正坐于讲席之上，忽然有一个形如天官、手持竹板者来访，说是奉天帝之命，前来请宝意法师去讲《华严经》。宝意说："现在尚未散席，等到经文讲完之后，一定遵命前往。不过，开讲经典，非一人所能胜任，都讲、香火、维那、梵呗等，都不可或缺，请能一并前往。"天帝使者同意宝意所说。到了法席将结束时，那位使者又出现了，说是奉天帝之命前来迎接的，宝意怡然含笑，向大众诀别，即时卒于法座之上。都讲等僧也同时圆寂。国人听到此事，无不称美赞叹。……

又，熙平元年，有南天竺波罗奈城婆罗门种姓之僧人般若流支，汉地称为智希。从元象元年（公元五三八年）至兴和末年，于邺城译《正法念处经》《圣善住意天子所问经》《回诤论》《唯识论》等经论，共十四部，八十五卷。……由于菩提流支与般若流支于汉地译经约略同时，而众史传、经录又常常略去"菩提""般若"二字，只称"流支"，致使后人不知究竟是哪一个"流支"，直至今日如果只凭经录，很难确定是哪一个"流支"所译。……

陈南海郡天竺沙门拘那罗陀

原典

拘那罗陀，陈言亲依，或云波罗末陀，译云真谛，并梵文之名字也。本西天竺优禅尼国[①]人焉，景行澄明，器宇清肃，风神爽拔，悠然自远。群藏广部罔不措怀，艺术异能偏素谙练。虽遵融佛理，而以通道知名。远涉艰关，无惮夷险，历游诸国，随机利见。

梁武皇帝，德加四域，盛昌三宝。大同中，敕直后张泛等，送扶南献使返国，仍请名德三藏大乘诸论杂华经等。真谛远闻行化，仪轨圣贤，搜选名匠，惠益氓品。彼国乃屈真谛，并赍经论，恭膺帝旨，既素蓄在心，涣然闻命。以大同十二年八月十五日，达于南海。沿路所经，乃停两载，以太清二年闰八月，始届京邑。

武皇面申顶礼，于宝云殿竭诚供养。

帝欲传翻经教，不羡秦时，更出新文。有逾齐日，属道销梁季，寇羯凭陵，法为时崩。不果宣述，乃步入东土，又往富春。令陆元哲，创奉问津，将事传译，招延英秀沙门宝琼等二十余人，翻《十七地论》。适得五卷，而国难未静，侧附通传。

至大宝三年，为侯景请还，在台供养。于斯时也，兵饥相接，法几颓焉。会元帝启祚，承圣清夷，乃止于金陵正观寺，与愿禅师等二十余人，翻《金光明经》。三年二月，还返豫章，又往新吴始兴。后随萧太保，度岭至于南康，并随方翻译，栖遑靡托。逮陈武永定二年七月，还返豫章，又上临川晋安诸郡。

真谛虽传经论，道缺情离本意不申。更观机壤，遂欲泛舶往楞伽修国。道俗虔请，结誓留之，不免物议②，遂停南越，便与前梁旧齿③，重核所翻。其有文旨乖竞者，皆镕冶成范，始末伦通。

至文帝天嘉四年，扬都建元寺沙门僧宗、法准、僧忍律师等，并建业标领，钦闻新教，故使远浮江表，亲承芳问。谛欣其来意，乃为翻《摄大乘》等论，首尾两载。覆疏宗旨，而飘寓投委，无心宁寄，又泛小舶至梁安郡，更装大舶欲返西国。学徒追逐，相续留连。太守王方奢，述众元情，重申邀请。谛又且循人事，权止海

经典·2 译经　031

隅，伺旅束装，未思安堵。

至三年九月，发自梁安，泛舶西引，业风赋命，飘还广州。十二月中，上南海岸，刺史欧阳穆公颁，延住制旨寺，请翻新文。谛顾此业缘，西还无指，乃对沙门慧恺等，翻《广义法门经》及《唯识论》等。后穆公薨没，世子纥重为檀越，开传经论。

时又许焉，而神思幽通，量非情测。常居别所，四绝水洲。纥往造之，岭峻涛涌，未敢陵犯。谛乃铺舒坐具在水上，跏坐其内，如乘舟焉。浮波达岸，既登接对，而坐具不湿，依常敷置。有时或以荷叶蹋水，乘之而渡，如斯神异，其例甚众。至光大二年六月，谛厌世浮杂，情弊形骸，未若佩理资神，早生胜壤，遂入南海北山，将捐身命。时智恺正讲《俱舍》，闻告驰往，道俗奔赴，相继山川。刺史又遣使人，伺卫防遏，躬自稽颡[④]。致留三日，方纡本情，因尔迎还，止于王园寺。

时宗、恺诸僧，欲延还建业。会扬辇硕望，恐夺时荣，乃奏曰："岭表所译众部，多明无尘唯识，言乖治术，有蔽国风，不隶诸华，可流荒服。"帝然之。故南海新文，有藏陈世。

以太建元年遘疾，少时遗诀，严正勖示因果，书传累纸，其文付弟子智休。至正月十一日午时迁化，时年七十有一。明日于潮亭焚身起塔。十三日，僧宗、法准等，各赍经论，还返匡山。

自谛来东夏，虽广出众经，偏宗《摄论》。故讨寻教旨，通览所译，则彼此相发，绮缋铺显。故随处翻传，亲流疏解，依止胜相。后疏并是僧宗所陈，躬对本师重为释旨，增减或异，大义无亏。宗公别著《行状》，广行于世。

且谛之梁，时逢丧乱，感竭运终，道津静济，流离宏化，随方卷行。至于部帙或分，译人时别。今总历二代，共通数之。故始梁武之末至陈宣初位，凡二十三载，所出经论记传，六十四部，合二百七十八卷。微附华饰，盛显隋唐。见曹毗《别历》及唐贞观《内典录》。余有未译梵本书并多罗树叶，凡有二百四十甲，若依陈纸翻之，则列二万余卷。今见译讫，止是数甲之文，并在广州制旨、王园两寺。……

初谛传度《摄论》，宗、恺归心。穷括教源，铨题义旨。游心既久，怀敞相承。谛又面对阐扬，情理无伏。一日，气属严厉，衣服单疏，忍噤通宵，门人侧席，恺等终夜静立，奉侍谘询，言久情喧。有时眠寐，恺密以衣被覆足，谛潜觉知，便曳之于地，其节俭知足如此。恺如先奉侍，逾久逾亲。谛以他日便喟然愤气冲口者三，恺问其故，答曰："君等款诚正法，实副参传，但恨宏法非时，有阻来意耳。"恺闻之如噎，良久声泪俱发，跪而启曰："大法绝尘，远通赤县。群生无感，可遂埋耶？"谛以手指西北，曰："此方有大国，非近非远，吾等没后，当盛宏之，但不睹其兴，以为太息耳。"……

注释

①**优禅尼国**：又作嗢逝尼、邬阇衍那、乌然泥等，在今印度之古吉拉特以东。
②**物议**：众人的议论。
③**旧齿**：有德望之耆旧，此指梁朝遗老、旧臣。
④**稽颡**：《释文》曰："稽颡，触地无容。"即行额头触地之大礼。

译文

拘那罗陀，汉地称亲依，或叫波罗末陀，意译为真谛。本西天竺优禅尼国（位于印度之古吉拉特以东，即今乌贾因）人，风神俊拔，气宇清肃，道行澄明。博览群籍，艺术技能无所不通。虽然融通佛理，而以通道知名。曾不畏艰险，长途跋涉难关，遍游诸国，随机缘而见识。

梁武帝时，佛法隆盛，大同年间，敕张泛等，送扶南（南海古国）献使回国，并礼请名僧大德搜求大乘经论等。真谛对于萧梁弘重三宝、以利生济世之事早有所听闻，当彼国欲让真谛携带经论到梁朝去时，他欣然从命。于大同十二年（公元五四六年）八月十五日，到达南海。之后，沿途停留，历时二年，于太清二年闰八月（公元五四八年）抵达京都建业。梁武帝对他礼遇有加，把他安置于宝云殿，竭诚供养。

梁武帝不满足于前后秦之译经，欲重新翻译。但时隔不久，即遇侯景之乱，梁武帝被困台城而驾崩。时局之动荡祸及佛法，真谛没能实现译经愿望，乃往东去了富春（今杭州市富阳区）。县令陆元哲崇信佛教，十分支持真谛的译经事业，乃为他创立译场，招请沙门精英宝琼等二十余人，开始翻译《十七地论》。但刚译完五卷，因国难未已，这次译经又中途夭折。

大宝三年，侯景延请真谛返回台城。在台城期间，他虽然也受礼遇、供养，但值此兵荒马乱之时，佛法难以重振，真谛也不能有多大作为。到了梁元帝即位时，天下日趋安定，真谛乃止住于金陵正观寺，与愿禅师等二十余人，翻译《金光明经》。梁元帝承圣三年（公元五五四年）二月，曾往豫章（今江西南昌）、新吴（今江西奉新县）等地讲经弘法。后随太保萧勃，翻越大庾岭，到了岭南一带，并随方翻译。那一段时间，他四处游化，栖无定所。到陈武帝永定二年（公元五五八年）七月，又返回豫章，并到了临川（今江西抚州一带）、晋安（今福建晋江市一带）诸郡。

真谛之翻译经论，若遇时道不济，难申本意者则不翻。他视境观机，准备到楞伽修国（今斯里兰卡）去。由于道俗二界竭力挽留，才放弃原来的打算。便在南越（今广东一带）逗留，与前梁故老遗臣，重新修订原来所翻经典。遇有文旨乖背者，即予以修润、订正，使得文旨始末一贯、流畅通顺。

至梁文帝天嘉四年（公元五六三年），扬都建元寺沙门僧宗、法准、僧忍律师等，并建业标领，遥闻真谛新译经典，很是推崇，故不远万里，翻山越水，前去慰问、请益。真谛甚是欢欣，乃为他们翻译《摄大乘论》等，前后达两年之久。在这段时间内，真谛漂泊异国他乡，心绪颇不平静，曾于天嘉二年乘小船到梁安郡（今广东惠州一带），正准备换乘大船返回印度。学徒闻讯，纷纷前去劝请。太守王方奢亦代表众人，极力挽留。由于盛情难却，真谛只好暂时住在海边，伺机西返。

到天嘉三年九月，真谛决然搭船西航，也许由于业力所感，大风又把大船吹回广州。十二月中旬，登上中国的南海岸，受刺史欧阳頠延请，止住制旨寺。欧阳刺史又请他翻译佛典。念此业缘，加之西返无望，真谛就对沙门慧恺等人，翻译《广义法门经》及《唯识论》等。欧阳刺史逝世之后，其子欧阳纥亦崇重佛法，继续护持真谛翻译经论。

真谛不唯神思俊拔，且颇有神通。他常独自住到别有洞天之"四绝水洲"上。欧阳纥有时想去拜访他，但面对汹涌波涛，未敢贸然前往。真谛就敷设坐具于海水之上，于上结跏趺坐，如乘船只一般，悠然来到此岸，虽然波涛滚滚，而坐具不湿。有时又用荷叶为舟楫，踏着荷叶飘然而至，如此神通，众咸叹异。至光大二年（公元五六八年）六月，真谛认为世俗之浮杂，不如世外之有利于资神升化，就登上南海北山，准备捐躯舍命，乘风仙化。当时智恺正在讲述《俱舍论》，听到这个消息后，急忙赶到北山；随后道俗二界许多人，都纷纷赶去劝阻，一时间，北山上人山人海。广州刺史也派人前去护卫，并随后前往顶礼致敬。真谛在北山上居留了三天，方才心回意转，于是被迎请至王园寺。

当时僧宗、智恺诸僧，欲延请真谛至建业，不料京都一些权贵，担心真谛的到来会夺取他们之荣华，于是上奏皇帝，曰："真谛在南方所译的佛典，大都是宣扬无尘唯识之义理，此有乖治述，会障蔽国风，不宜提倡弘扬。"皇帝准奏，所以真谛在南方所译经典，无法得到弘传，真谛回建业之提议，也告吹了。

真谛于太建元年（公元五六九年）患病，随之写下一纸遗嘱，主要阐述因果报应之道理，交付弟子智休。到正月十一日午时圆寂，世寿七十一。第二天于潮亭焚身起塔。十三日，僧宗、法准等，各携带经论返回匡山（即江西的庐山）。

真谛自梁武帝大同十二年（公元五四六年）来到东土，到陈宣帝太建元年（公元五六九年）圆寂，先后二十三年，所译经典甚多，但偏宗《摄论》，故有摄论开祖之誉。他研寻教旨，通览所译，使得经文能够前后照应，各经相得益彰。他随所翻译，亲作疏解。有些注疏则是僧宗根据真谛之思想，重为疏释，虽或有所增减，但大意无差。僧宗又为之撰写《行状》，广传于世。

真谛到中土之梁代，适值时局动荡，战乱不停，他栖无定所，四处漂泊，随方弘化，译经不辍。自梁至陈，凡二十三载，所译经典，共六十四部，计二百七十八卷。主要译典有：《金光明经》《摄大乘论》《摄大乘论释》《唯识论》《俱舍论》《佛性论》《无上依经》《决定藏论》《十七地论》《如实论》《金刚般若波罗蜜经》《解节经》《部执异论》《中边分别论》《大乘起信论》等。详见《大唐内典录》卷四、卷五。真谛译出的经典虽多，但与他从印度带来之梵文经典相比，则百不及一，他从印度带来的梵文经典多达二万多卷。今这些经典已翻译完毕，多数存留于广州的制旨寺和王园寺。……

真谛来到中土后，弘传《摄大乘论》，宗、恺等人诚心归敬。真谛研核源流，诠析义理。宗、恺等从学既久，颇能领会大旨要义。真谛又对他们耳提面命，谆谆教诲。有一天，天气很冷，真谛衣衫单薄，他忍住严寒，译经著述通宵达旦，宗、恺等一直侍奉左右。师徒相处既久，情谊益笃。有时晚上睡觉时，恺悄悄地以衣被裹住真谛之足，真谛发觉后，便把衣被蹬落于地，其节俭知足一至于此。恺长期侍奉真谛，跟随左右，为真谛之译经弘法出力甚巨。后来，真谛喟然长叹再三，恺问其原因，真谛曰："你等如此竭诚于佛法之弘传，着实可感可叹，无奈时运不济，妨碍了我东来弘法之本愿。"恺听后悲噎不已，随后声泪俱下，跪而说道："大法绝尘隔俗，远通赤县神州，众生无由得感，怎能如此让大法沦没呢？"真谛以手指向西北，道："彼方有大国，非远非近，我们死后，佛法定会弘扬光大，只是我们不能亲睹盛况，所以才叹息。"……

隋西京大兴善寺北贤豆沙门阇那崛多

原典

阇那崛多，此言德志，北贤豆①（贤豆，本音因陀罗婆陀那，此云主处，谓天帝所护故也。贤豆之音，彼国之讹略耳，身毒、天竺，此方之讹称也。而彼国人，总言贤豆而已，约之以为五方也）犍陀啰国②人也，此云香行国焉。居富留沙富逻城，此云丈夫宫也。刹帝利种，姓金步，此云项也，谓如孔雀之项，彼国以为贵姓。父名跋阇逻婆啰，此云金刚坚也。少怀远量，长垂清范，位居宰辅，燮理国政。崛多昆季③五人，身居最小，宿植德本，早发道心。适在髫龀④，便愿出家，二亲深识其度，不违其请。

本国有寺名曰大林，遂往归投，因蒙度脱，其郁波第耶，此云常近受持者，今所谓和尚，此乃于阗之讹略也，名曰嗜那耶舍，此云胜名，专修宴坐，妙穷定业。其阿遮利耶，此云传授，或云正行，即所谓阿阇梨也，亦近国之讹略耳，名曰阇若那跋达啰，此云智贤，遍通三学，偏明律藏。崛多自出家后，孝敬专诚，教诲积年，指归通观。然以贤豆圣境灵迹尚存，便随本师具得瞻奉，时年二十有七。

受戒三夏⑤，师徒结志，游方弘法。初有十人，同契出境，路由迦臂施国⑥，淹留岁序。国王敦请其师，奉为法主，益利颇周。将事巡历，便逾大雪山西足，固是天险之峻极也。至厌怛⑦国，既初至止，野旷民希，所须食饮，无人营造。崛多遂舍具戒，竭力供侍。数经时艰，冥灵所祐，幸免灾横。又经渴罗槃陀⑧及于阗等国，屡遭夏雨寒雪，暂时停住。既无弘演，栖寓非久，又达吐谷浑⑨国，便至鄯州，于时即西魏后元年也。虽历艰危，心逾猛厉，发踪跋涉三载于兹，十人之中过半亡没，所余四人仅存至此。

以周明帝武成年，初届长安，止草堂寺。师徒游化已果来心，更登净坛再受具足，精诚从道尤甚由来。稍参京辇⑩，渐通华语。寻从本师胜名，被明帝诏延入后园，共论佛法，殊礼别供，充诸禁中。思欲通法，无由自展，具情上启，即蒙别敕，为造四天王寺，听在居住。

自兹已后，乃翻新经。既非弘泰，羁縻而已，所以接先阙本，传度梵文，即《十一面观音》《金仙问经》等是也。会谯王宇文俭镇蜀，复请同行于彼三年。恒任益州僧主，住龙渊寺，又翻《观音偈》《佛语经》。

建德隳运，像教不弘，五众一期同斯俗服。武帝下敕追入京辇，重加爵禄，逼从儒礼。秉操铿然，守死无惧。帝愍其贞亮，哀而放归。路出甘州，北由突厥，阇黎[11]智贤还西灭度，崛多及以和尚，乃为突厥所留。未久之间，和尚迁化，只影孤寄，莫知所安。赖以北狄君民，颇弘福利，因斯飘寓，随方利物。

有齐僧宝暹、道邃、僧昙等十人，以武平六年，相结同行，采经西域，往返七载，将事东归，凡获梵本二百六十部。回至突厥，俄而齐亡。亦投彼国，因与同处，讲道相娱。所赍新经，请翻名题。勘旧录目，转觉巧便，有异前人。暹等内诚各私庆幸，获宝遇匠，德无虚行，同誓焚香，共契宣布。大隋受禅。佛法即兴，暹等赍经先来应运。

开皇元年季冬，届止京邑。敕付所司，访人令译。二年仲春，便就传述。夏中诏曰："殷之五迁，恐民尽死。是则域吉凶之土，制短长之命，谋新去故，如农望秋。龙首之山，川原秀丽，卉木滋阜，宜建都邑定鼎之基，永固无穷之业。"在兹可域。城曰大兴城，殿曰大兴殿，门曰大兴门，县曰大兴县，园苑池沼其号并同，寺曰大兴善也。于此寺中传度法本，时崛多仍住北狄。至开皇五年，大兴善寺沙门昙延等三十余人，以躬当翻译音义乖越，承崛多在北，乃奏请还。帝乃别敕追延。

崛多西归已绝，流滞十年。深思明世，重遇三宝，忽蒙远访，欣愿交并，即与使乎同来入国。于时文帝巡幸洛阳，于彼奉谒，天子大悦，赐问频仍。未还京阙，寻敕敷译。新至梵本众部弥多，或经或书，且内且外，诸有翻传，必以崛多为主。金以崛多言识异方，字晓殊俗，故得宣辩自运，不劳传度，理会义门，句圆词体。文意粗定，铨本便成。笔受之徒，不费其力。试比先达，抑亦继之。

尔时，耶舍已亡，专当元匠。于大兴善，更召婆罗门僧达摩笈多，并敕居士高天奴、高和仁兄弟等，同传梵语。又置十大德沙门僧休、法粲、法经、慧藏、洪遵、慧远、法纂、僧晖、明穆、昙迁等，监掌翻事，铨定宗旨。沙门明穆、彦琮，重对梵本，再审覆勘，整理文义。

昔支、昙、罗什等，所出《大集》，卷轴多以三十成部，及耶舍高齐之世，出《月藏经》一十二卷，隋初复出《日藏分》一十五卷。既是《大集》广本，而前后译分，遂使支离，部帙羁散。开皇六年，有招提寺沙门僧就，合之为六十卷。就少出家，专宝坊学，虽加宣导，恨文相未融。乃例括相从，附入大部。至于词旨惬当，未善精穷。比有大兴善寺沙门洪庆者，识度明达，为国监写藏经，更整改就所合者，名题前后甚得理致。且今见翻诸经，有多是《大集》余品，略而会之应满百卷。若依梵本，此经凡十万偈，据以隋文可三百卷。

崛多曾传，于阗东南二千余里，有遮拘迦国[12]，彼王纯信，敬重大乘，宫中自有《摩诃般若》《大集》《华严》三部。王躬受持，亲执锁钥，转读则开，香华供养；或以诸饼果诱引小王，令其礼拜。此国东南可二十余里，山甚岩险，有深净窟，置《大集》《华严》《方等》《宝积》《楞伽》《方广》《舍利弗》《花聚》二《陀罗尼》《都萨罗藏》《摩诃般若》《八部般若》《大云》经等凡十二部，减十万偈。国法相传，防卫守护。又有入灭定罗汉三人，窟中禅寂。每至月半，诸僧就山为其净发，此则人法住持，有生之所凭赖。

崛多道性纯厚，神志刚正，爱德无厌，求法不懈。博闻三藏，远究真宗，遍学五明，兼闲世论。经行得道场之趣，总持通神咒之理。三衣一食，终固其诚。仁济弘诱，非关劝请。勤诵佛经，老而弥笃。强识先古，久而逾诣。士庶钦重，道俗崇敬。隋滕王遵仰戒范，奉以为师。因事尘染，流摈东越。又在瓯闽，道声载路。身心两救，为益极多。至开皇二十年，便从物故，春秋七十有八。

自从西服来至东华，循历翻译合三十七部，一百七十六卷，即《佛本行集》《法炬》《威德》《护念》《贤护》等经是也。并详括陶治，理教圆通。文明义结，具流于世。见费长房《三宝录》。

初隋高祖又敕崛多,共西域沙门若那竭多、开府高恭恭息都督天奴、和仁及婆罗门毗舍达等,于内史内省,翻梵古书及乾文,至开皇十二年,书度翻讫,合二百余卷,奏闻进内。见唐贞观《内典录》。

注释

① **贤豆**:峪羖之古名。过去称印度河流域为身毒、天竺,波斯人讹称为贤豆。

② **犍陀啰国**:又作犍驮罗、犍陀越、乾陀越国等印度古国名。意译香地、香洁、香行等,位于今西北印度喀布尔河下游、五河流域之北。

③ **昆季**:兄弟。长者为昆,幼者为季。

④ **髫龀**:即童年。

⑤ **三夏**:夏季三个月。《乐府诗集》四四《晋子夜四时歌·夏歌》:"情知三夏热,今日偏独甚。"又有称三个夏季为三夏。

⑥ **迦臂施国**:又称迦毗尸、伽比沙、迦毕试、诃毗施,唐时亦名其国为罽宾。今阿富汗之卡菲里斯坦地区。

⑦ **厌怛**:又作挹怛、挹阗挹达,中亚古族名,大月氏之种。

⑧ **渴罗槃陀**：又作渴盘、汉盘陀、诃盘、渴槃、喝盘陀等，今新疆塔什库尔干地区。

⑨ **吐谷浑**：即《魏书》《宋书》《北齐书》《北史》之阿柴虏，《魏略》《南齐书》之虏虏，《太平寰宇记》之阿虎虏。北方古民族名，鲜卑慕容部一支。

⑩ **京辇**：皇帝所乘车子叫辇，因称京城为辇毂下。皇帝居京兆之中，故称京辇。

⑪ **阇黎**：又作阿阇黎、阿舍梨阿祇等，意译为轨范师、教授师、导师。

⑫ **遮拘迦国**：又作朱驹波国（《伽蓝记》）、悉居半国（《魏书》）、子合国（《后汉书》《佛国记》）、哈尔噶里克（《西域图志》）等。《大唐西域记》曰："斫句迦国旧译沮渠。"今新疆叶城县一带。

译文

阇那崛多，汉地称德志，北印度犍陀罗国人，意译称香行国。居住在富留沙富逻城，意译为丈夫宫。刹帝利种姓，俗姓金步，汉地称为项，意思是有如孔雀之项，在当时国中此是贵姓。其父名跋阇逻婆啰，汉地称为金刚坚，少年时就胸有大志，后官居宰相。阇那崛多兄弟五人，他排行最小，但由于宿植德本，故最早萌发道心，在童年时，便想出家，父母亲了解其志向，故同意了他的请求，让他出家。

当时国中有一大林寺，崛多投止该寺。其时，寺中有一和尚其郁波第耶，汉语称"常近受持者"，今称"和尚"，是于阗国的音误，名嗜那耶舍，汉译为胜名，专修静坐，精通禅定。另有一教授师其阿遮利耶，汉语称"传授"，或称"正行"，即"阿阇梨"，也是临近国家的音误，名阇若那跋达啰，汉译称为智贤，遍学三藏，尤精律藏。崛多自出家后，对二位师父十分尊敬，经师父教诲一年多，已粗识佛学旨趣。适其时圣迹犹存，便随本师前往观瞻，时年二十七岁。

于受戒三夏之后，便随师游方弘化。开始时，有十人同行，路经迦臂施国（西域古国），逗留期间，国王奉其师为法主，供养殷勤、丰厚。因欲巡历诸国，便从西面翻越大雪山，此山极是险峻。到了厌怛（中亚古族名）国后，由于野旷人稀，所需食物，无人供给。崛多便暂时舍戒，尽力侍奉供养师父。由于神佛护佑，虽几经艰辛，而幸免于难。后来又经过渴罗槃陀及于阗诸国，因遇大雪暴雨，经常走走停停。因无弘法活动，故一般所住时间甚短。后来又到达叶谷浑（西北方古族名）国。至鄯州时即西魏后元年。一路上虽历尽艰险，但心志益坚。经过三年跋涉，同行十人，亡故过半，只有四人幸存。

于北周明帝武成年间，抵达长安，止住于草堂寺。师徒游化，已到达目的地，便更登净坛，再受具戒，精诚佛道，更甚于从前。到京都不久，便略懂汉语。后来，其师胜名受明帝诏请，入住皇宫后园，崛多也一并进住。皇帝经常与他们一起谈论佛法，很受礼遇，供养丰盈。因置身深宫之中，虽有独自广弘佛法之志向，但很难如愿开展。他把此种愿望上奏皇上，皇帝准奏，为他另造四天王寺，由他居住。

自此之后，他就翻译新经。刚开始时，规模不大，所以先接续缺本，传度梵文，亦即《十一面观音经》《金仙问经》等。适逢谯王宇文俭镇守巴蜀，请崛多一同前往。他在四川待了三年，常任益州（今成都）僧主，住龙渊寺，又翻《观音偈》《佛语经》。

北周建德年间，因武帝毁佛，佛教遭受了很大的打击，佛门五众大都被逼还俗。武帝又下敕把崛多召回京都，重加爵禄，逼从儒礼。但崛多秉性坚贞，宁死不从，武帝愍其贞节，放他回家。他就从甘州西行，经过突厥所在之地。教授师智贤（即阇若那跋达啰）圆寂，崛多及和尚胜名（即嗜那耶舍）遂为突厥所羁留。过了不久，嗜那耶舍又灭度了，崛多孤身一人，一时颇觉惘然。亏好当地君民，待之甚厚，赖此得以四处安身，随方弘法。

其时，有齐僧宝暹、道邃、僧昙等十人，于武平六年，结伴同行，往西域寻求佛教经典，往返七年，当他们将要东归时，获取梵文佛经二百六十部。回到突厥时，不久齐国灭亡。崛多还是到齐国与他们见面，见面之后，就跟他们一起讲道弘法。他们把所带回之佛经，请崛多翻译。崛多译经很有特色，宝暹等十分高兴，都认为这是遇到了高人法匠，大家就在一起焚香立誓，决心日后一同弘扬佛法。

开皇元年（公元五八一年）冬，宝暹一行抵达京都。隋文帝敕令有关主管官员，安排他们传译经典。开皇二年春，便开始着手传译。其年夏天，文帝又下敕曰："过去殷朝五迁其都，主要是担心民众遭劫遇难。都城者，乃一国吉凶之所系，今龙首之山，川原秀丽，物品丰足，土地肥沃，树木繁茂，宜建都城，以为定鼎之基，永固无穷之业。"城曰大兴城，殿曰大兴殿，门曰大兴门，县曰大兴县，园林亭榭均以大兴为号，寺院亦称大兴善寺。许多僧人都在此寺中译经传法。当时崛多仍然住在突厥。开皇五年，大兴善寺沙门昙延等三十多人，以自己不通梵文，所译多有乖讹，上奏要求请回崛多。皇帝准奏，下敕延请崛多。

其时崛多西归之路已绝，在突厥滞留了十年，深切希望明世再现，重弘佛法，听到隋朝请他前去弘法，无量欢欣，随即与使者一同前往。其时隋文帝在洛阳一带巡视，即召见崛多。见面一谈，文帝大悦。之后，屡赐问候。尚未回到京城，遂下敕令崛多翻译佛经。其时，新传入的梵文典籍很多，有的是佛教经典，有的是世俗文书，有的属外书，有的属内典，各种翻译，都以崛多为主。因为崛多精通梵文及佛教义理乃至西土习俗，因此，往往信手拈来，出口成章，笔受之人，毫不费力。所译之经典，比之以往名僧大德之译作，也毫不逊色。

当时，佛陀耶舍已经灭度，崛多成为一代宗匠。在大兴善寺，又延请婆罗门僧人达摩笈多，并居士高天奴、高和仁兄弟等，同传梵语。又设置十大德沙门僧休、法粲、法经、慧藏、洪遵、慧远、法纂、僧晖、明穆、昙迁等，掌管译事，铨定宗旨；沙门明穆、彦琮，重对梵本，整理文义。

过去支、昙、罗什等所译出的《大集经》，共三十卷；及佛陀耶舍时，又译出《月藏经》十二卷；隋代之初，又译出《日藏分》十五卷。既是《大集经》之广本，由于非一时所译，变得支离破碎。开皇六年，有招提寺沙门僧就，把此几种译本合为一部，共六十卷。僧就虽然加以整合，但词旨等未甚精当。后来又有大兴善寺沙门洪庆，识度明达，为国监写藏经，又把僧就整合之大部加以梳理，颇为得体、合理。现在所翻诸经中，有不少也属《大集经》余品，统而合之，应满百卷。若依梵本，此经凡十万偈，按汉文计算，约有三百卷之多。

崛多曾说：在于阗东南二千余里处，有一遮拘迦国，该国国王崇信佛法，敬重大乘，宫中藏有《摩诃般若》《大集》《华严》三部经。国王亲自受持，且自掌宫门钥匙。遇有讲读之时，方才开门，且用香花供养；或者用果品、糖饼等，引诱小王，令其礼拜。此国东南二十余里左右有一座山，山形险峻。山中有一很深之净窟，放置《大集》《华严》《方等》《宝积》《楞伽》《方广》《舍利弗》《花聚》二《陀罗尼》《都萨罗藏》《摩诃般若》《八部般若》《大云》等凡十二部经，近十万偈。以国法相传，严加守护。有入灭定罗汉三人，于窟中禅寂。每至月半，诸僧共就山为他们净发，此则人法住持有生之所凭赖。

崛多道性纯厚，神志刚正，爱德无厌，求法不懈，博闻三藏，远究真宗，遍学五明，兼通世论，三衣一食，始终无改，勤诵佛经，老而弥笃，士遮钦重，道俗崇敬。隋滕王十分尊崇崛多之道行德操，奉以为师。后因世事牵涉，被摈东越。在东南一带，也极受赞誉、推崇。至开皇二十年圆寂，世寿七十八。

崛多自印度来到东土，所译经典甚多，共翻译经典三十七部，一百七十六卷，即《佛本行集》《法炬》《威德》《护念》《贤护》等经。并对佛教之义理多有阐发，广泛流传于世。详见费长房《三宝录》。

隋朝之初，高祖曾敕崛多与西域沙门若那竭多、高天奴、高和仁及婆罗门僧人毗舍达等，于内史内省，翻译梵文古书，至开皇十二年，翻译完毕，共二百余卷。详见唐贞观《内典录》。

隋东都洛滨上林园翻经馆南贤豆沙门达摩笈多

原典

达摩笈多，此言法密，本南贤豆罗啰[①]国人也。刹帝利种，姓弊耶伽罗，此云虎氏。有弟四人，身居长子，父母留恋不听出家，然以笃爱法门，深愿离俗。年二十三，往中贤豆界鞭挐究拨阇城[②]，此云耳出，于究牟地，谓黄色花，因花园以得名也。僧伽啰摩，此云众园，旧云僧伽蓝者，讹略也。笈多于此寺中方得落发，改名法密，年二十五方受具戒。……

笈多受具足后，仍住三年，就师学问。师之所得，略窥户牖，后以普照师为吒迦国王所请，从师至彼，经停一载。师还本国，笈多更留四年，住于提婆鼻何啰，此云天游也。天谓国王，游谓僧处，其所王立，故名天游。旧以寺代之。寺乃此土公院之名，所谓司也，廷也，又云招提者，亦讹略也。世依字解，招谓招引，提谓提携，并浪语也。此乃西言耳，正音云招斗提奢，此云四方，谓处所，为四方众僧之所依住也。

于是历诸大小乘国及以僧寺，闻见倍多。此路商人颇至于彼，远传东域有大支那国焉，旧名真丹、震旦者，并非正音，无义可译，惟知是此神州之总名也。初虽传述，不甚明信，未作来心，但以志在游方，情无所系，遂往迦臂施国，六人为伴，仍留此国，停住王寺。笈多遂将四伴，于国城中二年停止，遍历诸寺，备观所学。远游之心，尚未宁处。

其国乃是北路之会，雪山北阴，商旅咸凑其境。于商客所，又闻支那大国，三宝兴盛，同侣一心，属意来此。非惟观其风化，愿在利物弘经。便逾雪山西足，薄佉罗国③、波多叉拏国④、达摩悉须多国⑤。此诸国中，并不久住，足知风土、诸寺仪式。又至渴罗槃陀国，留停一年，未多开导，又至沙勒国⑥。同伴一人，复还本邑，余有三人，停在王寺，谓沙勒王之所造也。经住两载，仍为彼僧讲《念破论》，有二千偈，旨明三印，多破外道。又为讲《如实论》，亦二千偈，约其文理，乃是世间论义之法。

又至龟兹国，亦停王寺，又住二年，仍为彼僧讲释前论。其王笃好大乘，多所开悟，留引之心，旦夕相造。笈多系心东夏，无志潜停，密将一僧，间行至乌耆国[⑦]，在阿嚧拏寺，讲通前论。

又经二年，渐至高昌[⑧]，客游诸寺。其国僧侣，多学汉言。虽停二年，无所宣述。又至伊吾，便停一载，值难避地西南。路纯砂碛，水草俱乏，同侣相顾，性命莫投，乃以所赍经论，权置道旁，越山求水，冀以存济。求既不遂，劳弊转增，专诵观世音咒。夜雨忽降，身心充悦，寻还本途，四顾茫然，方道迷失。踟蹰进退，乃任前行，遂达于瓜州，方知曲取北路之道也。

笈多远慕大国，跋涉积年，初契同徒或留或殁，独顾单行，届斯胜地。静言思之，悲喜交集。寻蒙帝旨，延入京城，处之名寺，供给丰渥，即开皇十年冬十月也。至止未淹，华言略悉，又奉别敕令就翻经，移住兴善。……

炀帝定鼎东都，敬重隆厚。至于佛法，弥增崇树。乃下敕于洛水南滨上林园内，置翻经馆。搜举翘秀，永镇传法。登即下征笈多并诸学士，并预集焉。四事供承，复恒常度，致使译人不坠其绪，成简无替于时。

及隋纲云颓，郊垒烟构，梵本新经一时斯断，笈多蕴其深解，遂阙陈弘。始于开皇中岁，经至大业末年，二十八载，所翻经论七部，合三十二卷，即《起世》《缘生》《药师本愿》《摄大乘》《菩提资粮》等是也。并文义澄洁，华质显畅。见唐贞观《内典录》。至武德二年，终于洛汭⑨。……

注释

① **罗啰**：又作啰啰（《宋史·天竺传》）、来来（《元史·马八儿等国传》）、瞿折罗（《西域图志》）、胡茶辣（《诸蕃志》），今印度西海岸北部之古吉拉特地区。

② **鞬拏究拨阇城**：又作羯若鞠阇国，意译为曲女城。印度古国名，在今印度西北伽河支流迦利河东岸之卡娜齐。

③ **薄佉罗国**：又作缚喝（《大唐西域记》）、缚喝罗（《慈恩寺传》）、缚渴罗（《求法高僧传》）、班城（《西游记》）等，即今阿富汗北境马扎里沙里夫以西之巴尔赫。

④ **波多叉拏国**：又作钵铎创那（《大唐西域记》）、钵创那（《慈恩寺传》）、拨特山（《新唐书·地理志》）、蒲特山（《往五天竺传》），今伊拉克首都巴格达。

⑤ **达摩悉须多国**：又作休密（《后汉书》）、钵和（《洛阳伽蓝记》）、达摩悉铁帝（《大唐西域记》）等，今阿富汗东北境之瓦汉。

⑥**沙勒国**：又作疏勒（《两汉书》《魏书》《隋书》《新唐书》《旧唐书》《宋史》）、竭叉（《佛国记》）、佉沙（《大唐西域记》），今新疆疏勒县。

⑦**乌耆国**：又作焉耆（《两汉书》《晋书》《魏书》《周书》《隋书》《旧唐书》《新唐书》）、乌夷（《佛国记》）、焉夷（《一切经音义》）等，今新疆焉耆县。

⑧**高昌**：西域古地名，在今新疆吐鲁番市境内。

⑨**洛汭**：洛水，即河流汇合或弯曲处。洛汭，即洛水入黄河处。

译文

达摩笈多，汉语称法密，本南印度罗啰国人，刹帝利种姓，俗姓弊耶伽罗，汉语称虎氏。本有兄弟四人，达摩笈多是长子，父母出于疼爱，不让他出家，但他酷爱佛法，很想离俗出家。二十三岁时前往中印度界鞬拏究拨阇城（汉语称"耳出"）究牟地（指"黄色花"，因花园而得名）僧伽啰摩（汉语称"众园"，旧称"僧伽蓝"，都是音误）之一寺院，并在该寺披剃出家，改名法密。年二十五岁时方受具足戒。……

笈多受具足戒后，仍在该寺住了三年，从师学法。师父之学问，他已略窥大概。后来普照师为吒迦国王所请，他跟从师父一同前往。在那里逗留了一年后，其师返回本国，笈多又在那里待了四年，住在提婆鼻何啰，汉语称天游。天指国王，游指僧处，此处为国王所立，故称天游。过去亦称为寺。寺乃此地公院之名称，亦称为司、廷、招提等，都是音讹所致。世俗从字面上去解释，招谓招引，提谓提携。这些说法都是错误的。此乃梵音，正音称招斗提奢，汉语称为四方，指处所，为四方众僧之所依住。

笈多游历了许多国家和寺院，见闻广博，此路的商人常有与他来往，并远传东域有大支那国，旧名真丹、震旦者，都不是正音，其时没有相应之名称，只知道是神州之总名。起初虽有所听闻，但并未深信，故不敢贸然前往，只因志在游方弘法，情无所系，遂六人结伴，先往迦臂施国，并在该国逗留，住于王寺。在迦臂施国期间，笈多就带着其中四个人，在该国都城中待了两年，遍历诸寺，游学参访。但其远游中土之心仍未止息。

迦臂施国处于旧时丝绸之路北路之会合处，在雪山之北面，商旅往来甚多。他于客店中，也听说支那大国，三宝隆盛。与他同行的各位，也都有前往中土之愿望。他们不但想来此地观赏风土人情，更借此利物弘经。便从西面跨越雪山，途经薄佉罗国、波多叉拏国、达摩悉须多国。都不曾在这些国家中多停留，只是观览该国的一些风土人情、诸寺仪式。又到渴罗槃陀停留了一年，之后，又前往沙勒国。同行中一人，就返回故里了，其余三人在该国之王寺中止住，此寺乃沙勒国国王所造。他们在那里住了两年，为该寺僧人讲解《念破论》。此论有二千偈，主要阐述三法印及破外道。又为该寺僧人讲解《如实论》。此论亦有二千偈，归约其旨趣，主要是彰述世间论义之法。

后来，一行人又到了龟兹国，亦住在王寺中，又住了两年，仍然为该地僧人讲解前二论。龟兹国国王爱好大乘，听他们说法，颇多得益，因此很想把他们留在龟兹。但笈多向往中土，无意久留，就在某一天悄悄带着一个僧人，去了乌耆国。在阿嚩拏寺，讲解经论。

又过了两年，他终于到了高昌国，到各寺院游览观瞻。高昌国僧人多学汉语，因语言不通，虽停二年，无所宣述。又去了伊吾，在那里停留了一年，正好碰上动乱，前入西南避难。一路之上，尽是沙漠，水草匮乏，同行之人，都饥渴难忍，朝不保夕。乃把所携带的经典，暂时放于路边，爬山越岭求水以活命。结果，非但没有找到水源，且都被折腾得筋疲力尽，此时笈多只好一心念诵观音咒。那天夜里，突然下起大雨，众人方才获救。当他们恢复了体力之后，就想返回原路，但四顾茫茫，才知道已经迷路。当时迟疑进退不决，最后无奈，只好一直往前走，终于走到了瓜州，才知道行程已偏北。

笈多向往中土，经过多年跋涉，起初与他一同东来的，有的留在半路，有的丧命途中，最后只有他一人到达汉地。他悲喜交集，蒙皇帝敕召，进入京城，住在名寺，供养丰厚，其时即开皇十年（公元五九〇年）冬天。过了一些时日，即略通汉语。即奉敕翻译新经，并移住兴善寺。此后笈多即精心传译，大弘佛法，遂成一代译匠。……

隋炀帝移都洛阳之后，更加崇信佛教，对他益加礼敬，乃下敕于洛水南岸上林寺内，置翻经馆。聘请时贤英杰，传译佛经。笈多及诸学士，都应聘至翻经馆，共襄译经大业。四事供养，很是丰厚，致使译业得以继续，佛法兴隆一时。

到了隋朝末年，战乱迭起，梵本新经，尽遭破坏，笈多蕴其深解，无由申述、弘传。自开皇中年至大业末年，共二十八载，笈多所译经典计七部三十二卷，即《起世》《缘生》《药师本愿经》《摄大乘论》《菩提资粮》等。这些译典，文字流畅，义理明晰。详见唐贞观《内典录》。至武德二年（公元六一九年）终于洛水之滨。……

隋东都上林园翻经馆沙门释彦琮

原典

释彦琮，俗缘李氏，赵郡柏人①人也。世号衣冠②，门称甲族。少而聪敏，才藻清新。识洞幽微，情符水镜③。遇物斯览，事罕再详。初投信都僧边法师，因试令诵《须大拏经》，减七千言，一日便了。更诵大方等经，数日亦度。边异之也。至于十岁方许出家，改名道江。以慧声洋溢，如江河之望也。听《十地论》，荣誉流振，州邑所推。十二在嶂嶅山诵《法华经》，不久寻究，便游邺下，因循讲席。乃返乡寺讲《无量寿经》。时太原王劭任赵郡佐，寓居寺宇，听而仰之，友敬弥至。

齐武平之初，年十有四，西入晋阳，且讲且听，霆尔道张汾朔，名布通儒。尚书敬长瑜及朝秀卢思、道元、行恭、邢恕等，并高齐荣望，钦挹风猷，同为建斋，讲《大智论》。亲受披导，叹所未闻。及齐后西幸晋阳，延入宣德殿讲《仁王经》，国统④僧都⑤，用为承奉。听徒二百，并是英髦。帝亲临御筵，文武咸侍，皇太后及以六宫，同升法会。敕侍中高元海，扶琮升座，接待上下，而神气坚朗，希世惊嗟。析理开神，感遵景仰。

十六遭父忧，厌辞名闻，游历篇章。爰逮子史，颇存通阅，右仆射杨休之，与文林馆诸贤，交款情狎，性爱恬静，延而方造。

及初进具，日次晡时，戒本万言，诵试兼了。自尔专习律检，进讨行科。及周武平齐，寻蒙延入，共谈玄籍，深会帝心，敕预通道观学士，时年二十有一。与宇文恺等周代朝贤，以《大易》《老》《庄》陪侍讲论，江便外假俗衣，内持法服，更名彦琮。武帝自缵道书，号"无上秘要"。于时预沾纶绋⑥，特蒙收采。至宣帝在位，每醮必累日通宵。谈论之际，因润以正法。时渐融泰，颇怀嘉赏，授礼部等官并不就。与朝士王劭、辛德源、陆开明、唐怡等，情同琴瑟，号为文外玄友。

大象二年，隋文作相，佛法稍兴，便为诸贤讲释《般若》。大定元年正月，沙门昙延等，同举奏度，方蒙落发，时年二十有五。至其年二月十三日，高祖受禅，改号开皇，即位讲筵，四时相继。长安道俗，咸萃其尘。因即通会佛理，邪正沾濡，沐道者万计。又与陆彦师、薛道衡、刘善经、孙万寿等一代文宗，著《内典文会集》。又为诸沙门撰唱导法，皆改正旧体，繁简相半，即现传习，祖而行之。

开皇三年，隋高幸道坛，见画老子化胡像，大生怪异，敕集诸沙门、道士，共论其本。又敕朝秀苏威、杨素、何妥、张宾等，有参玄理者，详计奏闻。时琮预在此筵，当掌言务，试举大纲，未及指核。道士自伏，陈其矫诈，因作《辩教论》明道教妖妄者，有二十五条，词理援据，宰辅褒赏。其年西域经至，即敕翻译。既副生愿，欣至泰然。从驾东巡，旋途并部。时炀帝在蕃，任总河北，承风请谒，延入高第[⑦]。亲论往还，允惬悬伫，即令住内堂，讲《金光明》《胜鬘》《般若》等经。

又奉别教撰修文疏，契旨卓陈，雅为称首。又教住大兴国寺，尔后，王之新咏、旧叙，恒令和之。又遣萧悫、诸葛颖等群贤，迭往参问，谈对名理，宗师有归。隋秦王俊，作镇太原，又蒙延入安居内第，叙问殷笃。琮别夜寐，梦见黄色大人，身长三丈，执玻璃碗授云："碗内是酒。"琮于梦中跪受之曰："蒙赐宝器，非常荷恩。但以酒本律禁，未敢辄饮。"寤已莫知其由。及后王躬造观音画像，张设内第，身量所执，宛同前梦，于是私慰素抱，悲庆交并。

至十二年，敕召入京。复掌翻译，住大兴善，厚供频仍。时文帝御寓，盛弘三宝，每设大斋，皆陈忏悔，帝亲执香炉，琮为宣导，畅引国情，恢张皇览，御必动容靖顾，欣其曲尽深衷，其言诚感达如此类也。炀帝时为晋王，于京师曲池，施营第林，造日严寺，降礼延请，永使住之。由是朝贵、贤明数增临谒。披会玄旨，屡发信心。然而东夏所贵，文颂为先，中天师表，梵旨为本。琮乃专寻叶典，日诵万言，故《大品》《法华》《维摩》《楞伽》《摄论》《十地》等，皆亲传梵书，受持读诵。每日暗阅，要周乃止。

仁寿初年，敕令送舍利于并州。时汉王谅，于所治城，隔内造寺，仍置宝塔，今所谓开义寺是也。琮初至塔所，累日云雾晦合，及至下晨，时正当午。云开日耀，天地清朗，便下舍利，瘗⑧而藏之。又感瑞云夹日，五色相间。

仁寿末年，又奉敕送舍利于复州方乐寺，今名龙盖寺也。本基荒毁，南齐初立，周废颓灭，才有余址。而处所显敞，堪置灵塔。令人治翦，忽觉头上痒闷，因检发中，获舍利一粒，形如黍米，光色鲜发。两斧试之，上下俱陷，而舍利不损。频更椎打，光色逾盛。掘深七尺，又获砖藏。铜银诸合，香泥宛然。但见清水满合，其底踪迹似有舍利，寻觅不见，方知发中所获，乃是银合所盛。末又觅石造函，遍求不获。乃于竟陵县界，感得一石，磨治既了，忽变为玉，五色光润，内彻照见旁人。又于石中现众色像，引石向塔，又感一鹅飞至函所，自然驯狎，随石去住，初无相离。虽见同群，了无顾眄；逐去还来，首尾十日，恒在舆所。有人将至余处，便即鸣叫飞翔，逾院而入，及至埋讫，便独守塔绕旋而已。又感塔所前池有诸鱼鳖，并举头出水，北望舍利。琮便为说法，竟日方隐。又感塔所井水，十五日间自然涌溢，埋后乃止。四月八日，云满上空，正午将下，收云并尽，惟余塔上团圆如盖，五色间错，映发日轮，至藏舍利，其云乃散。琮欣感嘉瑞，以状奏闻，帝大悦，录为别记，藏诸秘阁。

仁寿二年，下敕更令撰《众经目录》，乃分为五例，谓单译、重翻、别生、疑、伪，随卷有位，帝世盛行。寻又下敕，令撰《西域传》，素所谙练，周镜目前，分异讹错，深有征举，故京壤名达，多寻正焉。有王舍城沙门，远来谒帝，事如后传。将还本国，请《舍利瑞图经》及《国家祥瑞录》，敕又令琮翻隋为梵，合成十卷，赐诸西域。琮以洽闻博达，素所关心，文章腾蔚，京辇推尚，凡所新译诸经，及见讲解《大智》释论等，并为之序引。又著《沙门名义论别集》五卷，并词理清简，后学师钦。

大业二年，东都新治，与诸沙门诣阙朝贺，特被召入内禁，叙故累宵，谈述治体，呈示文颂，其为时主见知如此。因即下敕，于洛阳上林园，立翻经馆以处之，供给事隆，倍逾关辅。新平林邑所获佛经，合五百六十四夹，一千三百五十余部，并昆仑书，多梨树叶，有敕送馆，付琮披览，并使编叙目录。以次渐翻，乃撰为五卷，分为七例，所谓经、律、赞、论、方、字、杂书七也。必用隋言以译之，则成二千二百余卷。敕又令裴矩共琮修缵《天竺记》，文义详洽，条贯有仪。

凡前后译经，合二十三部，一百许卷。制序述事，备于经首。素患虚冷，发痾无时，因卒于馆，春秋五十有四，即大业六年七月二十四日也。俗缘哀悼，归葬柏人。初大渐之晨，形羸神爽，问弟子曰："斋时至未？"对曰："未也。"还瞑目而卧，如此再三，乃回身引颈，向门视曰："斋时已至，吾其终矣。"索水盥手焚香，迎弥勒画像，合掌谛观，开目闭目，乃经三四，如入禅定，奄尔而终。持纩属之，方知已绝。……

晚以所诵梵经四千余偈，十三万言，七日一遍，用为常业。然琮久参传译，妙体梵文。此土群师，皆宗乌迹。至于音字诂训，罕得相符，乃著《辩正论》，以垂翻译之式。其辞曰："弥天释道安，每称译胡为秦，有五失本，三不易也。一者胡言尽倒而使从秦，一失本也；二者胡经尚质，秦人好文，传可众心，非文不合，二失本也；三者胡经委悉，至于叹咏丁宁反覆，或三、或四不嫌其繁，而今裁斥，三失本也；四者胡有义说，正似乱词，寻检向语，文无以异，或一千、或五百，今并刈而不存，四失本也；五者事以合成，将更旁及，反腾前词，已乃后说，而悉除此，五失本也。然智经三达之心，覆面所演，圣必因时，时俗有易，而删雅古以适今时，一不易也；愚智天隔，圣人叵阶，乃欲以千载之上微言，传使合百王之下末俗，二不易也；阿难出经，去佛未久，尊大迦叶，令五百六通，迭察送书，今离千年，而以近意量裁，彼阿罗汉乃兢兢若此，此生死人而平平若是，岂将不以知法者猛乎！斯三不易也。涉兹五失经三不易，译胡为秦，讵可不慎乎！"……

余观道安法师，独禀神慧，高振天才，领袖先贤，开通后学，修经录则法藏逾阐，理众仪则僧宝弥盛，世称印手菩萨，岂虚也哉。详梵典之难易，诠译人之得失，可谓洞入幽微，能究深隐。至于天竺字体，悉昙声例，寻其雅论，亦似闲明。旧唤彼方，总名胡国，安虽远识，未变常语。胡本杂戎之胤，梵唯真圣之苗，根既悬殊，理无相滥，不善谙悉，多致雷同，见有胡貌，即云梵种，实是梵人漫云胡族，莫分真伪，良可哀哉。……窃以佛典之兴，本来西域，译经之起，原自东京。历代转昌，迄兹无坠。……

粗开要例，则有十条：字声一，句韵二，问答三，名义四，经论五，歌颂六，咒功七，品题八，专业九，异本十。各疏其相，广文如论。……

注释

① **赵郡柏人**：今河北隆尧县西。

② **衣冠**：即士大夫。

③ **水镜**：谓水明如镜，喻能照物也。水镜所以能穷物无怨者，以其无私也。

④ **国统**：即一国之僧统。僧统，北魏所设以统监全国僧尼事务之僧官。

⑤ **僧都**：统率僧尼之官名，职位次于僧正、僧统。

⑥ **纶綍**：即制令。《礼·缁衣》："王言如丝，其出如纶；王言如纶，其出如綍。"谓言出而弥大。后以纶音、纶言、纶綍称皇帝之诏书、制令。

⑦ **高第**：上等房屋。因以为大住宅之称。《汉书·高帝纪下》："赐大第室。"

⑧ **瘗**：埋、埋葬。

译文

释彦琮，俗姓李，赵郡柏人（今河北隆尧县西南）人，出身豪门，世代儒生。彦琮少年时就聪敏过人，才华出众，见解深远细密，性情犹如水镜穷物之无私。遇物分析观察，十分周详。起初投靠信都僧边法师，考试时令他念诵《须大拏经》，近七千言，一日便会背诵。

又让他读诵大方等经，几天时间也能背诵。僧边法师甚感诧异。到了十岁时，方才出家，改名道江。后以慧解闻名遐迩。听闻《十地经论》，声誉大振，为州邑所推崇。十二岁在罐鋈山读诵《法华经》，寻究未久，便游方邺县，沿袭旧法从事讲学。后来返乡寺讲《无量寿经》。当时太原王劭任赵郡佐，寓居寺院之内，听后极表赞叹，对他甚表尊敬。

齐武平初年，才十四岁，西入晋阳，一面听法，一面讲经，名声远扬。尚书敬长瑜及朝秀卢思、道元、行恭、邢恕等，都十分钦敬他，共同建斋，请他讲《大智度论》，并亲自聆听，都赞叹他之讲解为闻所未闻。后来齐后西往晋阳时，被请入宣德殿讲《仁王经》。国统僧都，都对他十分恭敬。听众达二百多人，都是当时沙门精英。皇帝亲临法席，文武百官，都前往侍候。皇太后及六宫嫔妃，亦都前去听他说法。皇帝敕令侍中高元海，扶彦琮登上法座，侍候左右。道江神气朗拔，众咸惊叹，析理清晰，无不景仰。

十六岁时，父亲亡故，道江自此之后，更加厌弃功名利禄，一心研读佛典、诗书乃至诸子百家、春秋史籍，与右仆射杨休之及文林馆诸贤交谊甚厚，但他生性好静，非有延请不随便造访。

道江初受戒时，日诵戒本万言。此后，专习律藏，进而研讨行科。到周武帝平齐之后，被延请入宫，皇帝与之共谈玄理，他很能领会皇帝之旨意，颇得皇上宠信，敕为通道观学士。时年二十一岁。他与宇文恺等周代朝廷硕学，侍奉皇帝研读《周易》《老子》《庄子》等典籍，道江当时外穿俗衣，内着僧服，并更名为彦琮。武帝曾自撰道书，号称"无上秘要"。在当时预沾制令，特蒙收采。至宣帝时，更是大行斋醮，每醮往往累日通宵。在与皇帝谈论之际，常语与佛法，宣帝因之颇受影响，对他亦颇为赞赏，拟授予礼部等官职，他皆不受，与朝士王劭、辛德源、陆开明、唐怡等，情谊甚笃，号为"文外玄友"。

大象二年（公元五八〇年），隋文作相，佛法稍兴，彦琮便为诸学者讲《般若经》。大定元年正月，沙门昙延等，一齐上奏，要求剃度出家，彦琮才得准落发为僧，时年二十五岁。至该年二月十三日，高祖禅位，改号开皇，彦琮即登讲席，四时相继。长安道俗二界，都汇聚其门下。他融会佛理，大弘正法，沐道者数以万计。他又与陆彦师、薛道衡、刘善经、孙万寿等一代文人学士，撰著《内典文会集》。又为诸沙门撰写唱导之法，一改旧时体例，繁简相半，相互传习。

开皇三年（公元五八三年），隋高祖至道观，见画有老子化胡像，大感诧异，遂下敕召集诸沙门、道士，共论其本。又敕朝秀苏威、杨素、何妥、张宾等精通玄理者，详加论议。当时彦琮亦在其中。先是道士陈述，言老子化胡之根据，彦琮因之作《辩教论》，指出道士所言之荒诞无稽，共有二十五条，条条持之有据，言之成理，深得宰相之赞赏。该年西域传来佛经，即下敕让他翻译，这正合乎彦琮之愿望，他因而极感欢欣。后来跟从文帝东巡，当时炀帝总督河北，久闻彦琮之声名，遂把他请至自处，二人一起谈论佛法，很是投机，就把他请入内堂，请他讲解《金光明经》《胜鬘经》《般若经》等。

此外，彦琮又奉命撰修文疏，文采飞扬，遥契旨趣，很受各方人士赞赏。炀帝又让他住进大兴国寺。尔后，凡有新篇旧作，常令彦琮与之应对唱和。又派萧悫、诸葛颖等，经常前往问候、致意，畅谈名理。其时，隋秦王俊，镇守太原，延请彦琮前往，居于府宅之内，问候殷勤。有一天，彦琮夜里梦见一黄色大人像，身长三丈，执玻璃碗，对彦琮道："碗中是酒。"彦琮于梦中跪而受之，曰："蒙赐宝器，无任感激，但酒乃佛门所禁，不敢饮用。"醒后不知因何而有此梦。到后来王躬亲造观音画像，张贴于内堂之中，身高形象与梦中所见一模一样，彦琮悲喜交集。

至开皇十二年（公元五九二年），敕召入京，掌管翻译事宜，住于大兴善寺。朝廷供养殷勤、丰厚。当时隋文帝盛弘三宝，每次设斋，皆陈忏悔，文帝亲自手执香炉，彦琮则任宣导，铺陈国事，盛赞皇猷，皇帝每次都为之动容，十分赞赏他之宣导。当时炀帝身为晋王，于京都曲池营建园宅及日严寺，隆礼延请彦琮永住是寺。因之，朝廷大臣显贵，都经常到该寺去看望彦琮，并与之共论佛法，畅谈玄理。与印度学者多注重思想旨趣不同，中土人士多以文诵为先。彦琮乃专门寻找贝叶经典，日诵万言，故《大品》《法华》《维摩》《楞伽》《摄论》《十地》等经论，彦琮都用梵文版本，受持读诵。每晚必定阅读完毕，才会停止。

仁寿初年，敕令他送舍利往并州。当时汉王谅，在所管辖的区域内营造寺院，并建有宝塔，即现在之开义寺。彦琮初到塔处时，终日云雾缭绕，等到将近中午时分，忽然云开雾散，碧空万里，彦琮等便把舍利安置于塔中。又感应五色祥云环绕其间。

仁寿末年，又奉敕送舍利往复州方乐寺，今已改名龙盖寺。本来这里是一片荒地，南齐时才建立此寺。北周毁佛时又遭破坏，现仅留下遗址，但此处地势开阔，适宜建造寺塔。遂令人进行修治，忽然觉得头上发痒，用手一抓，竟得舍利一粒，形如黍米，色彩鲜艳。用两把斧头夹着敲打它，两边俱陷了进去，而舍利毫不受损。越是敲打，光泽越是鲜艳。后来，掘地至七尺深时，又发现一个砖砌的宝藏，内有铜银诸盒，盒中清水、香泥依旧。清水之下，似有一颗舍利，但怎么也捞不到，才知道刚才头发中所得那个舍利，本来盛在银盒之中。后来又寻石造函，到处都找不到合适的。后于竟陵县界，寻得一石，一经磨治，此石却变成玉，光彩夺目，石中能照众色像。把此石拿至塔处，又感来一鹅。当鹅飞至石函处时，变得十分温顺，与石相伴，形影不离，虽然看见其他鹅群，也不予理会；把它赶走，过会儿又跑回来，前后有十日时间。有人将它捉到别的地方，它便鸣叫飞翔，越墙而入，等到把石埋好之后，它又独守该塔，在塔四周来回走动。此舍利亦感动塔前池里的鱼鳖，其时都把头伸出水面，望着舍利。彦琮遂为这些鱼鳖说法，过了好几天才隐没而去。此舍利还感动塔前井水，十五日间，自然涌溢，埋过之后，涌溢乃止。四月八日，乌云密布，近中午时，云彩都集中于塔上，五彩间错，映发日轮。等到把舍利埋好后，乌云乃散。彦琮赞叹此类嘉瑞，以状奏闻皇上，皇帝听后，龙颜大悦，敕令录为别记，藏诸秘阁。

仁寿二年（公元六〇二年），下敕令彦琮撰《众经目录》。彦琮把经典分为五类，即单译、重翻、别生、疑、伪。依照经典内容各自定位，流传天下。过了不久，又下敕令他撰写《西域传》。他对此平时就很有研究，遂考核异同，纠正错讹，且多发现，所以京城名达，都以他所撰写的为准。其时有王舍城沙门，从西域来中土拜谒文帝，此事另于后传中记载。将回本国时，请赐《舍利瑞图经》和《国家祥瑞录》，文帝又令彦琮翻为梵文，合成十卷，赐诸西域。彦琮其人，博闻广见，文采飞扬，京城之僧俗二界，对他都十分推崇，凡新译经典及讲解《大智度论》等，都请他作序。他又著《沙门名义论别集》五卷，词理清新，后学皆师事钦敬之。

大业二年（公元六〇六年），东都新建成，他与诸沙门前往朝贺，被召入内宫，皇上与之叙谈通宵达旦，其为时主见重如此。后来，皇帝下敕，于洛阳上林园立翻经馆，让他住在馆内，供给丰盈，甚至超过于朝廷群臣、显贵。其时，于新平林邑获得佛经共五百六十四夹，一千三百五十多部，都是异国文字，写于树叶之上。皇上特下敕，送至翻经馆让彦琮研读，并让他编序著录。彦琮把它整理为五卷，分为七例，所谓经、律、赞、论、方、字、杂书。若用汉语把这些典籍翻译出来，可译成二千二百余卷。后来，皇上又令裴矩与彦琮一起修撰《天竺记》，文义兼备，脉络清晰。

彦琮前后译经，计二十三部，一百多卷，制序述事，多置于经首。他平时常患虚冷之疾，时常发作，因病卒于翻经馆，世寿五十四，即大业六年（公元六一〇年）七月二十四日。家人哀悼，归葬柏人。刚患病时，体弱神清，问弟子曰："斋时到未？"弟子回答道："斋时尚未到。"又阖目而睡，如此再三，乃回身引颈，对着门外视曰："斋时一至，我之终期就到了。"索水洗手、焚香，让人拿来弥勒画像，合掌谛观，开目闭目，如是再三，如入禅定，不久就入寂而终。弟子拿新棉衣请他穿时，才知道气息已绝。……

彦琮晚年读诵梵文经典四千余偈，共十三万言，七日一遍，坚持不懈。他久事传译，妙体梵文，中土群师，都很推崇。至于音字训诂，以往所作，罕得相符，乃著《辩正论》，以为翻译之范式。他曾说："过去释道安常说：'把梵文译为汉语，有五失本，三不易。一者梵文多倒装句，汉语则反之，把梵文翻为汉语，此一失本也；二者印度经典注重思想实质，而汉话注重文采，要把经典翻译得合乎众人之口味，则非有文采不可，二失本也；三者梵文经典，周详细密，乃至咏叹叮咛，反复再三，汉译须加裁斥，三失本也；四者梵文有义记，正似乱词，寻说句语，文无以异，或一千，或五百，今译成汉文，刈而不存，四失本也；五者事已全成，又更旁及，反腾前辞，而乃后说，今悉除此，五失本也。佛经乃往圣所说，而圣必因时，今时俗已易，欲删雅古以适今时，一不易也；智愚之差，有若霄壤，欲以千载以上之微言，合百王以后之末俗，二不易也；阿难出经，离佛未远，尊大迦叶为上首，尚且结集五百大罗汉以审订补正，阿罗汉尚且兢兢若此，今离释迦牟尼佛之时代已一千多年，加之多是平平凡凡之生死中人，欲以近意裁量往圣，又谈何容易！三不易也。有此五失本三不易，译梵为汉，岂能不慎之又慎。'"……

根据我的观察，道安法师独具神慧，才识高卓，统率先贤，开导后学，修经录则法藏得以梳析，理众仪则僧宝得以兴盛，世称印手菩萨，诚非虚言也。详细阐析梵文典籍之难易，一一语及译经之人的得失，实是洞入幽微，深识底蕴。至于天竺字体，悉昙声例，考其雅论，亦甚详明。过去称呼西土，多名之曰胡国，道安虽然富有远识，但未改变通常之用语。胡本西域少数民族之后裔，梵乃真圣之嫡传。种族既不相同，自然不应混为一谈。然而平时人们不善于区分二者，见有西域之人，就说是梵种；实是梵种，又认为是西域之人，良可哀矣。……私下以为佛典之兴，本来自西域；译经之始，起自东京（即洛阳）。历代相传，至今不息。……

就译经之体式说，大而言之，主要有十条：一字声，二句韵，三问答，四名义，五经论，六歌颂，七咒功，八品题，九专业，十异本。详见本论。……

唐京师大慈恩寺释玄奘

原典

释玄奘，本名祎，姓陈氏，汉太丘①仲弓②之后也。子孙徙于河南，故今为洛州缑氏人焉。

祖康，北齐国子博士。父惠，早通经术，长八尺，明眉目，拜江陵令，解缨而退，即大业年，识者以为克终，隐沦③之候故也。兄素，出家，即长捷法师也，容貌堂堂，仪局瑰秀，讲释经义联班群伍，住东都净土寺。以奘少罹穷酷，携以将之，日授精理，旁兼巧论。年十一，诵《维摩》《法华》。东都恒度便预其次。自尔卓然梗正不偶时流，口诵目缘略无闲缺。睹诸沙弥剧谈掉戏，奘曰："经不云乎，夫出家者为无为法，岂复恒为儿戏？"……

时东都慧日盛弘法席，《涅槃》《摄论》，轮驰相系。每恒听受昏明思择，僧徒异其欣奉美其风素，爱敬之至师友参荣。大众重其学功弘开役务，时年十五与兄住净土寺，由是专门受业，声望逾远。

大业余历，兵饥交贸，法食两缘，投庇无所。承沙门道基化开井络④，法俗钦仰，乃与兄从之。行达长安，住庄严寺。又非本望，西逾剑阁，既达蜀都，即而听受《阿毗昙论》，一闻不忘见称昔人，随言镜理又高伦等，至于《婆沙》广论，《杂心》玄义，莫不凿穷岩穴，条疏本干。然此论东被，弘唱极繁，章钞异同计逾数十，皆蕴结胸府，闻持自然。至于得丧筌旨，而能引用无滞，时皆讶其忆念之力终古罕类也。基每顾而叹曰："余少游讲肆多矣，未见少年神悟若斯人也。"席中听侣佥号英雄，四方多难总归绵益。相与称赞逸口传声。

又僧景《摄论》、道振《迦延》，世号难加，人推精覆（核），皆师承宗据，隅奥明铨。昔来《摄论》十二住义，中表销释十有二家，讲次诵持率多昏漠，而奘初闻记录片无差舛，登座叙引曾不再缘，须便为述，状逾宿构⑤。如斯甚众不可殚言。

武德五年，二十有一，为诸学府，雄伯沙门讲《扬心论》，不窥文相而涌注无穷，时曰神人，不神何能此也！

晚与兄俱住益南空慧寺，私自惟曰："学贵经远，义重疏通；钻仰一方，未成探赜。"有沙门道深，体悟《成实》，学称包富，控权敷化，振纲赵邦。愤发内心，将捐巴蜀。捷深知其远量也，情顾勤勤，每劝勉之，而正意已行，誓无返面，遂乃假缘告别，间行江硖，经途所及，荆扬等州，访逮道邻，莫知归诣。便北达深所，委参勇铠，素袭嘉问，纵洽无遗。始终十月资承略尽，时燕赵学侣相顾逢秋，后发前至，抑斯人也。

　　沙门慧休，道声高邈，行解相当，夸罩古今，独据邺中昌言传授，词锋所指，海内高尚，又往从焉。不面生来，相逢若旧，去师资礼，事等法朋。偏为独讲《杂心》《摄论》，指摘纤隐曲示纲猷，相续八月领酬无厌。休又惊异，绝叹，抚掌而嗟曰："希世若人，尔其是也。"沙门道岳，宗师《俱舍》，阐弘有部，包笼领袖，吞纳喉襟，扬业帝城来仪⑥群学，乃又从焉。刱迹京都，诠途义苑。沙门法常，一时之最，经论教悟，其徒如林。奘乃一举十问皆陈幽奥，坐中杞梓⑦，拔思未闻，由是驰誉道流，擅声日下。沙门僧辩法轮论士，机慧是长，命来连坐，吾之徒也。但为《俱舍》一论昔所未闻，因尔服膺晓夕谘请。岳审其殷至，慧悟霞明，乐说不穷，任其索隐，单（覃）思研采，晬周究竟。沙门玄会，匠剖《涅槃》，删补旧疏更张琴瑟，承师令问，亲位席端，谘质迟疑涣然祛滞。

　　仆射宋公萧瑀，敬其脱颖，奏住庄严，然非本志，情栖物表，乃又惟曰："余周流吴蜀，爰逮赵魏，末及周秦，预有讲筵率皆登践，已布之言令，虽蕴胸襟，未吐之词宗，解签无地，若不轻生殉命，誓往华胥，何能具覿成言，用通神解，一睹明法了义真文，要返东华传扬圣化，则先贤高胜，岂决疑于弥勒，后进锋颖，宁辍想于瑜伽耶？"

时年二十九也，遂厉然独举，诣阙陈表。有司不为通引，顿迹京辇，广就诸蕃，遍学书语。行坐寻授数日便通，侧席面西，思闻机候。

贞观三年时遭霜俭，下敕道俗随丰四出。幸因斯际，径往姑臧，渐至敦煌。路由天塞，裹粮吊影，前望悠然，但见平沙绝无人径，回遑委命任业而前。展转因循，达高昌境。

初奘在凉州⑧讲扬经论，华夷士庶盛集归崇，商客通传预闻蕃域。高昌王曲文泰，特信佛经，复承奘告将游西鄙，恒置邮驿，境次相迎。忽闻行达，通夕立候。王母妃属，执炬殿前。见奘苦辛备言意故，合宫下泪惊异希有。延留夏坐⑨，长请开弘。王命为弟，母命为子，殊礼厚供日时恒至。乃为讲《仁王》等经及诸机教。道俗系恋，并愿长留。奘曰："本欲通开大化，远被国家，不辞贱命，忍死西奔，若如来语一滞北方，非唯自亏发足，亦恐都为法障。"乃不食三日，佥见极意，无敢措言。王母曰："今与法师一遇，并是往业因缘，脱得果心东返，愿重垂诚诰。"遂与奘手传香信，誓为母子。曲氏流泪执足而别。仍敕殿中侍郎，赍绫帛五百匹、书二十四封，并给从骑六十人，送至突厥叶护牙所⑩，以大雪山北六十余国皆其部统故，重遗遣奘开前路也。

经典•2 译经　079

初至牙所，信物倍多异于恒度，谓是亲弟，具以情告，终所不信，可汗[11]重其贿赂，遣骑前告所部诸国，但有名僧胜地，必令类到。于是连骑数十，盛若皇华。中途经国道次参候，供给顿具倍胜于初。

自高昌至于铁门，凡经一十六国。人物优劣，奉信淳疏，具诸图传。其铁门，也即铁门关，汉之西屏，入山五百，旁无异路，一道南出险绝人物，左右石壁竦立千仞，色相如铁，故因号焉。……

……以贞观十九年正月二十四日，届于京郊之西。道俗相趋，屯赴阗阓，数十万众如值下生。将欲入都，人物喧拥，取进不前，遂停别馆。通夕禁卫，候备遮断，停驻道旁。从故城之西南，至京师朱雀街之都亭驿二十余里，列众礼谒，动不得旋。……

致使京都五日四民废业，七众[12]归承。当此一期，倾仰之高，终古罕类也。奘虽逢荣问，独守馆宇，坐镇清闲，恐陷物议，故不临对，及至洛滨特蒙慰问，并献诸国异物，以马驮之。别敕引入深宫之内殿，面奉天颜，谈叙真俗，无爽帝旨，从卯至酉不觉时延，迄于闭鼓。上即事戎旃，问罪辽左，明旦将发，下敕同行，固辞疾苦，兼陈翻译，不违其请，及敕京师留守梁国公房玄龄，专知监护，资备所须，一从天府。

……帝曰："自法师行后，造弘福寺，其处虽小，禅院虚静，可为翻译。所须人物吏力，并与玄龄商量，务令优给。"既承明命，返迹京师，遂召沙门慧明、灵润等，以为证义；沙门行友、玄赜等，以为缀缉；沙门智证、辩机等，以为录文；沙门玄模，以证梵语；沙门玄应，以定字伪。其年五月，创开翻译，《大菩萨藏经》二十卷，余为执笔，并删缀词理，其经广解六度、四摄、十力、四畏、三十七品诸菩萨行，合十二品，将四百纸。又复旁翻《显扬圣教论》二十卷，智证等更迭录文，沙门行友详理文句，奘公于论重加陶练。次又翻《大乘对法论》一十五卷，沙门玄赜笔受，微有余隙。又出《西域传》一十二卷。沙门辩机亲受时事，连纰前后，兼出《佛地六门神咒》等经，都合八十许卷。

自前代已来所译经教，初从梵语倒写本文，次乃回之顺同此俗，然后笔人乱理文句，中间增损，多坠全言。今所翻传都由奘旨，意思独断，出语成章，词人随写即可披玩。尚贤吴魏所译诸文，但为西梵所重，贵于文句钩锁，联类重沓，布在唐文，颇居繁复，故使缀工专司此位，所以贯通词义，加度节之，铨木勒成，秘书缮写。于时驾返西京，奘乃表上，并请序题。……

寻又下敕，令翻《老子》五千言为梵言，以遗西域，奘乃召诸黄巾，述其玄奥，领叠词旨，方为翻述，道士蔡晃、成英等，竞引释论《中》《百》玄意，用通道经。奘曰："佛道两教，其致天殊，安用佛言用通道义？穷核言迹，本出无从。"晃归情曰："自昔相传祖凭佛教，至于三论，晃所师遵，准义幽通不无同会，故引解也。如僧肇著论，盛引《老》《庄》，犹自申明，不相为怪。佛言似道，何爽纶言[13]？"奘曰："佛教初开，深文尚拥，《老》谈玄理，微附佛言，《肇论》所传引为联类，岂以喻词而成通极，今经论繁富各有司南，《老》但五千论无文解，自余千卷多是医方，至如此土贤明何晏、王弼、周颙、萧绎、顾欢之徒，动数十家，注解《老子》何不引用，乃复旁通释氏，不乃推步逸踪乎？"既依翻了，将欲封勒，道士成英曰：《老》经幽邃，非夫序引何以相通？请为翻之。"奘曰："观《老》治身治国之文，文词具矣，叩齿咽液之序，其言鄙陋，将恐西闻异国有愧乡邦。"英等以事闻诸宰辅，奘又陈露其情，中书马周曰："西域有道如《老》《庄》不？"奘曰："九十六道并欲超生，师承有滞，致沦诸有，至如顺世四大之术，冥初六谛之宗，东夏所未言也。若翻《老》序，则恐彼以为笑林。"遂不译之。

……贞观二十五年幸玉华宫，追奘至，问："翻何经论？"答："正翻《瑜伽》。"上问："何圣所作？明何等义？"具答已。令取论自披阅，遂下敕，新翻经论写九本，颁与雍、洛、相、兖、荆、扬等九大州。奘又请经题，上乃出之，名《大唐三藏圣教序》，于明月殿命弘文馆学士上官仪，对群僚读之。其词曰："……周游西宇十有七年，穷历道邦询求正教，双林八水味道餐风，鹿苑鹫峰瞻奇仰异。承至言于先圣，受真教于上贤。探赜妙门，精穷奥业。一乘五律之道，驰骤于心田，八藏三箧之文，波涛于口海。爰自所历之国，总将三藏要文，凡六百五十七部。译布中夏，宣扬胜业。……"

……奘生常以来愿生弥勒，及游西域，又闻无著兄弟皆生彼天，又频祈请咸有显证，怀此专至益增翘励。后至玉华，但有隙次，无不发愿生睹史多天见弥勒佛。自《般若》翻了，惟自策勤行道礼忏。麟德元年告翻经僧及门人曰："有为之法必归磨灭，泡幻形质何得久停？行年六十五矣，必卒玉华。于经论有疑者可速问。"闻者惊曰："年未耆耄，何出此言？"报曰："此事自知。"遂往辞佛。先造俱胝十亿像所，礼忏辞别。……至正月九日告寺僧曰："奘必当死。经云：'此身可恶，犹如死狗。'奘既死已，勿近宫寺，山静处埋之。"因既卧疾，开目闭目，见大莲花鲜白而至；又见伟相，知生佛前。命僧读所翻经论名目已，总有七十三部一千三百三十卷。……至五日中夜，弟子问曰："和上定生弥勒前不？"答曰："决定得生。"……

注释

① **太丘**：汉武帝时为敬丘侯国，东汉时改为太丘。故城在今河南永城县西北。

② **仲弓**：东汉桓帝时为太丘长。

③ **隐沦**：指隐居或隐居之人。

④ **井络**：星宿名，此指蜀地。

⑤ **宿构**：预先构思。

⑥ **来仪**：《书·益稷》："凤凰来仪。"说的是每逢盛世，即有凤凰飞来。后亦用以比喻特出人物的出现。

⑦ **杞梓**：杞和梓都是优质木材，此用以比喻优秀人才。

⑧ **凉州**：历代辖境不同，唐时辖境在甘肃永昌以东、天祝以西一带。

⑨ **夏坐**：又称结夏、坐夏、夏安居、雨安居等。印度雨季达三个月之久，在此三个月内，出家人禁止外出，而聚居一处致力修行。

⑩ **牙所**：西突厥叶护可汗设牙之所。

⑪ **可汗**：即西突厥叶护可汗。

⑫ **七众**：即佛门七类弟子：比丘、比丘尼、沙弥、沙弥尼、式叉摩那、优婆塞、优婆夷。

⑬ **纶言**：天子之言。《礼记·缁衣》："王言如丝，其出如纶。"

译文

释玄奘，本名祎，俗姓陈，汉太丘仲弓（东汉桓帝时为太丘长）之后裔。其子孙迁徙至河南，故现为洛州缑氏（今河南偃师）人。

玄奘之祖父陈康，是北齐国子博士。其父陈惠，早年就精通经术，身高八尺，眉清目秀，曾拜江陵县令，于大业年间辞职退隐，颇得时人赞誉。其兄名素，出家为僧，法号长捷法师，风姿俊逸，相貌堂堂，住洛阳净土寺。认为玄奘日后定能弘传佛法，就把他带至寺院，经常向他讲授义理。玄奘到十一岁时，便读诵《法华》《维摩》诸经。大业年间，朝廷敕于洛阳度僧，虽然年少，也被破格剃度。自此之后专心致志于佛法，口诵阅读，坚持不懈。有一天，他看见一些小沙弥在一起戏耍空谈，就说："佛经上说：出家者所习乃无为法，怎能如此荒废时日呢？"……

当时洛阳慧日大开法席，讲释《涅槃》《摄论》，玄奘经常前去听讲，早晚认真思考。僧徒们对他之专心致志于佛学都甚表钦敬，大家为了使他能更好地钻研佛学，都主动替他承担日常杂役，当时玄奘刚十五岁，与其兄同住在净土寺，因此有条件专心致志于佛法，并崭露头角。

大业末年，时局动荡，战乱迭起，佛法遭受破坏，衣宿无所依靠。幸道基法师在四川一带传扬佛法，为道俗二界所钦敬，玄奘遂与其兄一起投奔他。行至长安，住于庄严寺。又非本来之愿望，故又越过剑阁，抵达成都，投道基门下，并听他讲释《阿毗昙论》，一闻不忘，见解高出群伦，至于《毗婆沙论》《杂阿毗昙心论》等，无不深入探究，细加梳析。此论自东传之后，诠释者甚多，章疏异同超过数十家，皆能洞其底蕴，闻持自然。至于得旨忘筌，引用无滞，时人更是感叹不已，称赞其忆念之力，终古无匹。道基经常赞叹道："我从小投身佛门，像玄奘这样的神悟少年着实不多见。"同门中的僧侣都称之为佛门精英，四方僧众每遇有疑难，常向他请教。其名声渐渐在佛教界传开了。

此外，在当时佛教界，都公认僧景之治《摄论》、道振之治《阿毗昙八犍度论》，是首屈一指的，人们竞相师承、引用。而对于《摄论》中的十二住义，中外注解多达十几家，人们在讲解此论时，常因诠释太多而显得很杂乱，而玄奘第一次听闻此论之讲解时，所做记录竟丝毫无差，登座讲解时即信口道来，就像早已写好讲稿一般。像这类的事不胜枚举。

武德五年（公元六二二年）时，玄奘在佛教已有了很大的影响，他讲解《扬心论》，无需讲稿而口若悬河，当时人们都称之为神人。非神人何以能如此！

后来与兄俱住四川南部之空慧寺，常自我提醒说："学贵远传，义重疏通；钻研一方，不足为道。"当时有沙门道深，体悟《成实》，学识宏富，在河北赵县一带弘传佛法。玄奘准备离开巴蜀，前往参学。其兄长捷法师知其胸有大志，虽兄弟情深，不愿他远离，但玄奘决心已下，义无反顾，乃借口有其他的事，毅然向其兄道别。由长江三峡离开巴蜀，又到荆州、扬州等地问学参访，四处漂泊，栖无定所。后又到北方游学参访，结识了许多佛门义僧，前后有十个月时间，彼此切磋不绝。

其时，有沙门慧休，道行高深，遐迩闻名，在邺中（今河南安阳一带）弘传佛法，辩才无碍，为四方学众所尊崇，玄奘又前往参学。两人一见如故，免去师徒之礼，相处有如同学。慧休单独为他讲解《杂阿毗昙心论》和《摄论》，开示宗要，探究隐幽，连续八个月，玄奘学而无厌。慧休对玄奘之好学深思十分赞叹，曰："真是世上奇人！"沙门道岳，精治《俱舍》，弘传有部，辩才无碍，领袖群伦，在长安一带传经弘法，吸引了当时佛教界许多优秀学者，玄奘又从之受学。沙门法常，名冠当代，精通经论，其徒如林，玄奘前去参访，一举十问，皆极深奥，座中虽多有沙门精英，但对玄奘所提的问题多属闻所未闻，因之玄奘之声名进一步传开。沙门僧辩乃一代论士,机悟超群,博学多识,玄奘因《俱舍》一论过去未曾细究,因此又向僧辩请教咨询。道岳见玄奘孜孜于学问义理,亦倾其所知,热情传授。沙门玄会,于《涅槃》很有造诣,删补以往之章疏,更出新释,玄奘也诸多请教,获益良多。

仆射萧瑀,对玄奘之聪颖博学颇为尊崇,遂上奏请他住在庄严寺,但这不是玄奘之本来愿望。他情栖物外,私下思寻说:"我周游吴蜀(江南),又至赵魏(北方),但未曾到过周秦(西北一带)。其间凡有讲席,均都前去聆听。已经传扬之义理,都知晓一二,但有些学问,却未曾接触。如果命运允许,立誓前往佛国,一睹究竟佛法之深旨大义,并把它传回华夏,永为弘扬。则先贤的高明见解,自有所决疑;后人的机锋聪智,也不会受限了。"

当时玄奘二十九岁,毅然上书,欲往西土。有关主管官员不把他的奏折往上递,玄奘只好暂时住在京都,向西域人广泛学习西土之语言文字,没过多久时间,就学了不少西土之语言文字。经常面向西方,伺机西行。

贞观三年(公元六二九年),北方遭受灾荒,政府允许道俗四出寻食,借此机会,便西行至姑臧(在今甘肃武威),后渐至敦煌。道路极是难走,沿途尽是一望无际的沙漠,行人罕至,玄奘带着干粮,形只影单,艰难跋涉，几经辗转，终于到达古国高昌境内。

起初，玄奘在凉州（甘肃永昌一带）讲解《涅槃经》和《摄论》，士庶归宗，许多汉人及当地民众也都前去旁听。当时之高昌王曲文泰崇信佛教，听说玄奘将往西天求法，沿途为之设置了许多驿舍，为他西行提供种种方便。听到玄奘到达都城之后，通宵站立等候他的到来。高昌王的母亲及王妃等，手持火烛在殿前迎接。见面之后，听玄奘说及一路之艰辛，自国王至嫔妃等无不凄然落泪，叹为稀有。延请玄奘在该国夏安居，并欲长期把玄奘留在该国，以弘传佛法。高昌王认其为弟，高昌王的母亲认他为儿子，供养丰厚，慰问频频。玄奘就为他们讲解《仁王》等经论。其时道俗二界都希望玄奘能长期留在高昌，玄奘曰："我此次西行之本意，是取经弘法，利益国家，故不惜身命，毅然独往，如果像你们所说的滞留此地，不但违背了我西行的本意，亦不利于佛法之传扬。"遂绝食三日。大家看他执意西行，都不敢再加规劝。高昌王的母亲说："今日得遇法师，也许是往世之业缘，若法师西行成功，日后东返时希望能够重踏此地，再垂教诲。"遂与玄奘手传香信，誓为母子。高昌王泪流满面，执足而别。并敕殿中侍郎，带绫帛五百匹，书信二十四封，骑马侍从六十人，护送玄奘至突厥叶护牙所。因大雪山以北六十余国均为其统属，又派人在前面为之开路。

刚到牙所时，所带之礼物之多，远远超出平时，并称是高昌王之亲弟弟，但叶护可汗始终不信。可汗见玄奘所带之礼物甚多，遂派人骑马通知其属下之沿途诸国，若有名僧胜地，必定让玄奘前去参访游览。于是一路上常常有数十匹坐骑护送，气派有若国王出巡。途中诸国，都隆重接待，供给之丰盛，甚至超过于以前。

自高昌至铁门关，凡经一十六国，人物风情，具诸传记。此铁门关，乃西汉之西部屏障，入山五百里，唯有一路，别无他途。左右石壁千仞，色相如铁，因此称为铁门关。……

……贞观十九年正月二十四日玄奘回到长安西郊时，整个京城如同恭迎菩萨下生一般，道俗二界数十万人，一齐涌向街头，大街小巷都是迎候瞻仰之人，玄奘原来准备当天进京，但由于道路阻塞，只好暂时停住别馆，但是迎候瞻仰之人仍然不肯离去，通宵达旦在道路两旁等候。自旧城西南至朱雀街二十多里路，礼谒之众，相互挤得难以转身。……

玄奘初至京城的几天时间内，整个长安城四民废业，七众归承，其受景仰之程度，确实终古难有其匹。玄奘虽然获此殊荣，但他到京城之后，却避开世俗之热烈、喧哗，平静地住在弘福寺中，待到太宗亲致问候后，他才向皇上献上从西土带回的诸国异物。太宗又延请他至内宫，畅谈通宵。太宗因欲亲自率兵征讨辽东，出发前一天下敕要玄奘同行，玄奘固辞，并请求开设译场，皇上不违其请，乃敕留守京城之梁国公房玄龄，负责此事，译场所需费用，一律由政府开支。

……太宗敕令曰："自法师西行之后，此地建造了弘福寺。此寺虽然不大，但颇清静，可在此地开设译场。所需的人力物力，可与房玄龄商议，务必从优供给。"皇上既有此令，玄奘遂召沙门慧明、灵润等，任证义之职；沙门行友、玄赜等，从事缀辑；沙门智证、辩机等，专主录文；沙门玄模，负责梵语之审订；沙门玄应，专门订正字伪。那一年五月，开始翻译《大菩萨藏经》二十卷，当时玄奘担任执笔，并删缀词理。此经广释六度、四摄、十力、四无畏、三十七道品，全经共分十二品，将近四百多页纸。又翻译《显扬圣教论》二十卷，智证等为录文，行友详审义理文句，玄奘对论重加整治。后来又翻译《大乘对法论》一十五卷，沙门玄赜笔受。过了不久，又撰著《西域传》一十二卷，沙门辩机参与此事，增补遗漏，连缀前后文句，并译出《佛地六门神咒经》，合八十多卷。

自前代以来所译的经典，较早的多是随从梵文习惯，采用倒装句，后来的译本即沿用此地的文法习惯，有些经典，几经翻译，出现不少文理混乱，妄加增删的现象。此次翻译，悉尊玄奘意旨，思想明确，出语成章，词人随写，即可披阅。以往吴魏所译经典，偏重西梵，文句烦琐，故使专人从事贯通词义等工作，重加编译。等太宗返回京城时，玄奘就上表请为新译经典作序。……

太宗后又下敕令翻《老子》五千言为梵文，用以流传西域。玄奘遂召集一批道士，阐述五千文玄旨奥义，领会了《老子》之玄奥义理后，方着手翻译。道士蔡晃、成英等，竞相引用《中论》《百论》等佛教经论，以通道经。玄奘曰："佛道二教的教理差距悬殊，怎能用佛理通道义？深究考核其言论，未有从属关系。"蔡晃道："本宗祖传之学，一直以佛教为凭依，至于《中论》《百论》《十二门论》，更为我所尊崇。佛经中的义理与老庄之学颇多相通之处，故引佛教经论以证《老子》。正如僧肇著论，屡引《老》《庄》，不足为怪矣。佛道西教的道理相似，又有何妨？"玄奘曰："佛教初传时，由于义理深奥，而《老子》亦多谈玄理，故魏晋时谈论《老》《庄》者，经常附会佛理。僧肇著论时，为阐明义理，虽也曾引喻《老》《庄》，但二者不可混为一谈。但是现在佛教经论浩瀚，而《老子》只有五千文，其余一千多卷道教经典多是医方，至于此土玄学家何晏、王弼、周颙、萧绎、顾欢等几十家，都曾注解过《老子》，何不引用他们之注解，反而去引用佛教经典呢？"翻译完毕后，道士成英曰："《老子》五千文义理玄奥，若无序引，如何在西土流通呢？请法师把序亦翻译出来。"玄奘道："观《老子》五千文，旨在治国治身，文辞严整完备，而其序则甚为鄙陋，若把此序亦译为梵文，传之西土，担心会被西土人士传为笑柄。"成英把此事禀告宰相，玄奘亦如实谈出自己的想法，中书马周问道："西域也有像《老子》《庄子》这样的学说吗？"玄奘曰："印度在佛教产生那个时候，就有九十六种外道，多数主张超生，但由于师承之滞碍，故致沦诸有，至如顺世外道之四大之术，冥初六谛之说，都是中土之闻所未闻，若翻此序言，恐怕西土将以为笑柄。"遂不译之。

……贞观二十五年皇上驾临玉华宫，问玄奘曰："最近翻何经论？"玄奘答道："正在翻译《瑜伽师地论》。"皇上又问："此论哪位菩萨所作？明何等义理？"玄奘一一作答。皇上过后亲自取论披阅，读后下敕令将新译此论抄写九本，颁发给雍、洛、相、兖、扬等九大州。玄奘又请皇上为此论作序，皇上旋又赐序，此即《大唐三藏圣教序》，并令弘文馆学士上官仪对群僚读之。其词曰:"……玄奘法师周游西土十有七年,遍历道邦询求正教。双林八水味道餐风,鹿苑鹫峰瞻奇仰异。承至言于先圣,受真教于上贤,探赜妙门,精穷奥义。一乘五律之道,蕴聚于心田,八藏三箧之文,波涛于海口。他游历各国时,所带回之各种经典达六百五十七部,又将它们译为汉语,流布华夏,广为弘扬。……"

……玄奘本来崇仰弥勒净土,游历西土之后,又听讲无著、世亲兄弟皆生于兜率天,几经祈请,皆有显证,遂对弥勒净土更为崇仰。到玉华寺后,更经常发愿生兜率天见弥勒佛。自从《大般若经》翻译毕后,尤是经常行道礼忏,麟德元年(公元六六四年)对翻经僧及门人说:"有为之法,必归散灭,虚幻形体,岂可久住?我至六十五岁时,必定卒于玉华寺。你等若于经论上还有疑难之处,可尽快提问。"听到此话的人,都吃惊地说:"法师年事尚未甚高,眼下身体康健,何出此言?"玄奘答道:"这种事自己心中有数。"遂往辞佛。到先前所造的俱胝十亿佛所,礼忏辞别。……于正月九日对寺僧曰:"我很快就要离开你们了。经云:'此五蕴身污秽可恶,犹如死狗。'我死之后,勿让此身近宫寺,可于山中静处埋之。"此后就病倒在床,开眼闭眼,咸见雪白之大莲花;又见雄伟大像,知往生佛前。令诸僧读诵所翻经论名目，总有七十三部一千三百三十卷。……至二月五日，弟子问道："法师入灭之后定往生弥勒佛前吗？"玄奘答道："决定往生。"说完之后，随即圆寂。……

3　义解

梁扬都庄严寺沙门释僧旻

原典

释僧旻，姓孙氏，家于吴郡之富春①，有吴开国大皇帝其先也。幼孤养，能言而乐道。七岁出家，住虎丘西山寺，为僧回弟子，从回受五经，一闻能记，精神洞出，标群独秀。每与同辈言谑及诸典礼，未尝不慨然欲为己任。宋吏部郎吴郡张辩谓之曰："沙弥何姓？家在何处？"旻曰："贫道姓释，家于此山。"辩甚异之，特进张绪。见而叹曰："松柏虽小，已有凌云之气。"由是显誉。年十三，随回出都，住白马寺。寺僧多以转读唱导为业，旻风韵清远，了不厝意。年十六而回亡，哀容俯仰,率由自至,丧礼毕,移住庄严。

师仰昙景。景久居寺住,雅有风轨,大小和从,寺给僧足。旻安贫好学,与同寺法云、禅冈、法关禀学柔、次、远、亮四公经论,夕则合被而卧,昼则假衣而行,往返谘询,不避炎雪,其精力笃课如此。大明数论,究统经律,原始要终,望表知里。内鉴诸己,旁启同志;前疑往结,靡不冰泮。虽命世硕学,有是非之辩,旻居中振发,曾无拥滞,光绪既着,风猷宏远。

齐文惠帝竟陵王子良,深相贵敬,请遗连接。尚书令王俭,延请僧宗讲《涅槃经》,旻扣问联环,言皆摧敌。俭曰:"昔竺道生入长安,姚兴于逍遥园见之,使难道融义,往复百翻,言无不切,众皆睹其风神,服其英秀。今此旻法师超悟天体,性极照穷,言必典诣,能使前无横阵,便是过之远矣。"

文宣尝请柔、次二法师,于普宏寺共讲《成实》,大致通胜,冠盖成阴。旻于末席论议,词旨清新,致言宏邈,往复神应,听者倾属。次公乃放麈尾而叹曰:"老夫受业于彭城,精思此之五聚,有十五番以为难窟,每恨不逢勍敌,必欲研尽,自至金陵,累年始见,竭于今日矣。且试思之,晚讲当答。"及晚上讲,裁复数交,词义遂拥。次公动容,顾四座曰:"后生可畏,斯言信矣。"

年二十六，永明十年始于兴福寺讲《成实论》，先辈法师，高视当世，排竞下筵，其会如市。山栖邑寺，莫不掩扉毕集。衣冠士子，四衢辐凑，坐皆重膝，不谓为迮。言虽竟日，无起疲倦。皆仰之如日月矣，希风慕德者不远万里相造。自晋宋相承，凡论议者，多高谈大语，竞相夸罩。及旻为师范，棱落秀上，机变如神，言气典正，座无洪声之侣。重以性多谦让，未尝以理胜加人，处众澄眸如入禅定，其为道俗所推如此。时人称曰："析剖磐隐，通古无例。条贯始终，受者易悟。庶方荡诸异论，大同正法矣。"于是名振日下，听众千余，孜孜善诱，曾无告倦。

晋安太守彭城刘业，尝谓旻曰："法师经论通博，何以立义多儒？"答曰："宋世贵道生，顿悟以通经。齐时重僧柔，影毗昙以讲论。贫道谨依经文，文玄则玄，文儒则儒耳。"……

永元元年，敕僧局请三十僧入华林园夏讲，僧正②拟旻为法主，旻止之。或曰："何故？"答曰："此乃内润法师，不能外益学士，非谓讲者。"由是誉传遐迩，名动京师。琅琊王仲宝、吴人张思光，学冠当时，清贞独绝，并投分请，交申以缟带。年立之后，频事开解，蔚为宗匠。九部③五时④，若指诸掌。玄理伏难，坦然夷易。故缁素结辙，华鄙邀延。……

值齐历横流，道属昏波，时宠小人，世嫉君子。因避地徐部，仍受请入吴，法轮继转。胜幢屡建，皆随根获润，有闻南北。皇梁膺运，乃翻然自远，言从帝则。以天监五年游于都辇，天子礼接，下筵丞深眷悦，敕僧正慧超衔诏到房，欲屈与法宠、法云、汝南、周舍等，入华林园道义。自兹已后，优位日隆。

六年制注《般若经》，以通大训。朝贵皆思宏厥典，又请京邑五大法师，于五寺首讲，以旻道居其右。乃眷帝情，深见⑤悦可⑥，因请为家僧，四事供给。又敕于惠轮殿讲《胜鬘经》，帝自临听。仍选才学道俗，释僧智、僧晃、临川王记室、东莞刘勰等三十人，同集上定林寺，抄一切经论，以类相从，凡八十卷，皆令取衷于旻。

十一年春，忽感风疾，后虽小闲，心犹忘误，言语迟謇。旻曰："自登座讲说，已二十年，如见此病，例无平复，讲事尽矣。"乃修饰房内，隔立道场，日夜礼忏。后吴郡太守张充、吴兴太守谢览，各遣僚佐至都，表上延请。有敕给船仗资粮发遣，二郡迎候舟楫满川，京师学士，云随雾合。中途守宰，莫不郊迎。晋陵太守蔡撙，出候门迎之，叹曰："昔仲尼素王于周，今旻公又素王于梁矣。"天监末年，下敕于庄严寺。建八座法轮，讲者五僧。以年腊相次，旻最处后，众徒弥盛。……

暨普通之后，先疾连发，弥怀退静。夜还虎丘，人无知者。时萧昂出守吴兴，欲过山展礼，山主智迁先知以告旻，旻曰："吾山薮病人，无事见贵二千石，昔戴颙隐居北岭，宋江夏王入山诣之，高卧牖下不与相见。吾虽德薄，请附戴公之事矣。"及萧至，旻从后门而遁。其年皇太子，遣通事舍人何思澄，衔命致礼，赠以几杖、炉奁、褥席、麈尾、拂扇等。

五年下敕延还，移住开善，使所在备礼发遣，不得循常，以稽天望。于路增剧，未堪山寺，权停庄严。因遂弥留，以至大渐。良医上药，备于寺内。中使参候，相望驰道。以大通元年二月一日清旦，卒于寺房，春秋六十一。天子悲惜，储君嗟惋。敕以其月六日，窆于钟山之开善墓所，丧事大小，随由备办。隐士陈留、阮孝绪，为著墓志，弟子智学、惠庆等，建立三碑。其二碑，皇太子湘东王，并为制文，树于墓侧；征士何胤，著文立于本寺。

……放生布施，未尝倦废……所著《论疏杂集》《四声指归》《诗谱决疑》等，百有余卷流世。

注释

① **富春**：今浙江富阳市。

② **僧正**：又称僧主，系统领教团并匡正僧尼行为

之僧官。

③**九部**：又作九分教、九部经，即把佛教经典分为九个部类。

④**五时**：按释迦牟尼说法之时间顺序，把佛法分为华严、阿含、方等、般若、法华涅槃五时。

⑤**深见**：犹言照见也。《汉书·师丹传》："深见天命，烛知至德。"

⑥**悦可**：悦之而以为可也。

译文

释僧旻，俗姓孙，吴郡富春（今浙江富阳市）人，是东吴开国皇帝孙氏之后裔。幼年时父母即亡故，能言乐道。七岁到虎丘西山寺出家，拜僧回为师，跟从僧回学五经，一闻能记，过目成诵，善于领会经典精神，在同学中实属出类拔萃。每次与同辈语及诸典礼，无不慨然欲为己任。宋吏部郎吴郡张辩问他："小沙弥，你姓什么？家住何处？"僧旻答道："贫道姓释，就住在此山。"张辩觉得此小沙弥很不寻常，就把他引荐给张绪。张绪一见，也觉得他不俗，感叹地说："松柏虽小，已有凌云之气。"从此之后，就开始稍有名气。到了十三岁时，跟随僧回离开都城，止住于白马寺。此寺僧众多以转读、唱导为业，僧旻风韵清远，并不满足于这些。

十六岁时，其师父僧回圆寂，僧旻悲痛异常，尽心料理后事。服丧完毕，移住庄严寺。

僧旻十分崇仰昙景法师。昙景久居该寺，风韵清雅，僧众对他十分敬重。他治寺有方，该寺供给充足。僧旻安贫好学，经常与同寺之法云、禅冈、法关一起受学于柔、次、远、亮四师研读经论，夜则合被而卧，昼则一齐外出访学，长年累月，寒暑无阻。对于许多佛教经论，他都能探赜索隐，深入研寻，举一反三，触类旁通。不但自己能深刻领会经论旨意，而且能帮助同学，启发旁人；经论中许多疑难之处，经他阐释，都一时疑团冰释。即使是一些时贤硕学都感到棘手的问题，他也能加以条分缕析，阐发幽微。由于学问出众，声名也渐渐传开了。

齐文惠帝竟陵王萧子良对他十分崇敬，经常向他请教佛教义理并相互酬唱。尚书令王俭请僧宗讲《涅槃经》时，僧旻在一旁提问。其所发问都深得经义，且辩锋无敌。王俭曰："过去竺道生到长安时，姚兴于逍遥园接见他，请他诘难道融所立之义。往复论难，言无不切，与会大众都亲睹其风神，佩服其英秀。现在之僧旻法师悟性卓绝，造诣精深，辩才出众，所向披靡，与当年之竺道生相比，真是有过之而无不及矣。"

齐文宣曾请柔、次二法师于普宏寺一起讲解《成实论》，阐释精微，听者云集。僧旻于席末论议，词旨清新，致言幽远，听者无不为之倾倒。次公乃放下麈尾感叹地说："老夫受业于彭城，此后长期致力于《成实论》之研究，常因不曾得遇强劲的对手而深感遗憾。自从到了金陵之后，才逐渐认识了一些对此论颇有造诣之高僧，而今晚之僧旻法师更是其中之最杰出者。请你认真地准备一些问题，今晚再开讲席时当一一作答。"晚上之讲演开始之后，二人经数番论难，次法师终于招架不住。他不禁感慨地说："后生可畏，这句话一点也不假呀。"

二十六岁时，齐永明十年（公元四九二年）开始于兴福寺讲解《成实论》，前辈大德，当代时贤，无不前去听讲。附近寺院之僧众，世俗之士子儒生，前来听讲者更多，把整个会场挤得水泄不通。僧旻法师讲论终日，而毫无倦意，大家对他都极表赞叹。消息传开后，各地希风慕德者，不远万里，前来听他讲解经论。自晋宋以来，举凡论议者，多高谈大语，竞相夸罩，从僧旻之后，则注重慧悟，机变如神，言气端正，席间亦无洪声相伴，又因他性多谦让，不曾以理胜加人，处众有如进入禅定，深受僧俗二界之所推崇。时人称赞曰："探赜索隐，远出前人；条贯始终，听者易晓。开席则异论荡尽，讲经则正法弘传。"于是声名大振，听讲经传法者成千上万。他孜孜善诱，诲人不倦。

晋安太守彭城刘业曾对僧旻说："法师博通经论，何以立义多有儒家学说？"僧旻答道："宋世贵道生，顿悟以通经。齐时重僧柔，影毗昙以讲论。贫道讲演，谨依经文。经文之义与玄学相近者则以玄学解说之，经文之义近儒者则以儒家学说解说之，仅此而已。"……

永元元年（公元四九九年）敕僧局请三十个僧人入华林园夏讲，僧正准备请僧旻为法主，遭到僧旻的拒绝。有人问他："所为何故？"他说："贫道乃是内修法师，不是所谓的讲者，不能说法以外益学士。"因之声誉远扬，名动京师。琅琊王仲宝、吴人张思光，均学冠当代，都主动与他交往，请他讲经。三十岁之后，经常开席讲解经论，成为一代宗匠。对于九部五时，了若指掌。玄理奥义，剖析精微。故僧俗二界的许多大德高僧、士子学人，争相与他交往。……

到齐末年，因时局动荡，世道日乱，小人横行，君子受嫉，乃避难徐州，后又应邀入吴，继续讲经弘法。屡次开席讲经，闻法者皆能随其根器获得法益，因此名声远播。梁代建立之后，他有意回避朝廷，外出远游。至天监五年（公元五〇六年）才到京城游访，皇帝接见了他，待之甚厚，敕僧正慧超亲奉诏书到他住处，请他与法宠、法云、汝南、周舍等入住华林园说法。自此之后，礼遇日隆。

天监六年，注解《般若经》。其时朝廷大臣显贵都想弘扬该经典，就请京城五大法师，分别于五寺开讲，以旻道为首。可见皇帝的顾念器重。僧旻于是被皇帝聘为家僧，四时供给极是丰厚。又敕于惠轮殿讲《胜鬘经》，皇帝亲自莅临法席。后来，又敕道俗二界才学卓著者如僧智、僧晃、刘勰等三十多人，于上定林寺，撰《众经要抄》，凡八十卷。撰著过程中有关问题，一律以僧旻的意见为准。

天监十一年春，忽感风疾，经调理后虽略有好转，但已反应呆滞，言语迟钝。他说："自从开席讲经以来，已有二十年了。现患此疾，恐无康复之希望，讲事尽矣。"遂修饰房内，隔立道场，日夜礼忏。后来，吴郡太守张充、吴兴太守谢览，各遣僚佐到京都，上表延请。皇上准奏，并下敕供给船只、资粮等，以作送行之用。其时，二郡迎候之船只塞满江上，京都学士云集送行，沿途官吏也都出来迎送。晋陵太守蔡撙，出候门迎接，慨叹道："过去孔子素王于周代，今日僧旻法师又素王于梁矣。"天监末年，下敕于庄严寺建八座法轮，五位讲演之僧人以年纪为序，僧旻年龄最小，故排在最后。但到僧旻开讲时，听众却最多。……

至梁普通年间，先疾连连复发，僧旻更想退隐归静，深夜返回虎丘山，却无人知晓。当时萧昂出守吴郡，欲入山礼敬，山主智迁预先告知僧旻，僧旻说："我乃山野病夫，无事见贵人。过去戴颙隐居北岭，宋江夏王入山拜访他，他高卧窗下，不与之相见。我虽德薄，也请按戴颙那样行事吧。"等萧昂入山之后，僧旻遂从后门离去。那一年皇太子派遣通事舍人何思澄前来致意礼敬，赠以几杖、炉奁、褥被、麈尾、拂扇等。

普通五年（公元五二四年）下敕移住于开善寺，并令所在地方官善加接待、安置，以不辜负皇上之期望。在去开善寺的路上，于庄严寺暂停时，疾病复发。良医、上药，侍候不断，道俗探望者，更无计其数，无奈大限已到，于大通元年二月一日清晨，在寺房入寂，世寿六十一。天子悲惜，太子嗟惋，下敕于当月六日，葬于钟山之开善寺墓地，丧事办得十分隆重。隐士陈留、阮孝绪为其撰定墓志，弟子智学、惠庆等，为其建立三个墓碑。其中一个碑石有皇太子湘东王所写铭文，竖于墓侧；另一个碑石刻有征士何胤撰写的铭文，立于本寺。

……僧旻一生，放生布施，未尝暂废。……所著《论疏杂集》《四声指归》《诗谱决疑》等，一百多卷，都流传于世。

魏西河石壁谷玄中寺释昙鸾

原典

释昙鸾，或为峦，未详其氏，雁门①人也。家近五台山，神迹灵怪，逸于民听。时未志学，便往寻焉。备觌遗踪，心神欢悦，便即出家。内外经籍，具陶文理，而于四论②、佛性，弥所穷研。读《大集经》，恨其词义深密，难以开悟，因而注解。文言过半，便感气疾，权停笔功，周行医疗。行至汾州③秦陵故墟，入城东门，上望青霄，忽见天门洞开，六欲阶位上下重复，历然齐睹，由斯疾愈。欲继前作，顾而言曰：命惟危脆，不定其常。《本草》诸经，具明正治，长年神仙，往往间出。心愿所指修习斯法，果克既已，方崇佛教，不亦善乎。

承江南陶隐居者④，方术所归，广博宏赡，海内宗重，遂往从之。既达梁朝，时大通中也，乃通名云："北国虏僧昙鸾，故来奉谒。"时所司疑为细作，推勘无有异词，以事奏闻。帝曰："斯非觇国者，可引入重云殿。"仍从千迷道，帝先于殿隅却坐绳床，衣以袈裟，覆以纳帽。鸾至殿前，顾望无承对者，见有施张高座，上安几拂，正在殿中，傍无余座，径往升之，竖佛性义，三命帝曰："大檀越，佛性义深，略已标叙，有疑赐问。"帝却纳帽，便以数关往复，因曰："今日向晚，明须相见。"鸾从座下，仍前直出。诘曲重沓二十余门，一无错误。帝极叹讶曰："此千迷道，从来旧时，往还疑阻。如何一度，遂乃无迷？"明旦引入太极殿，帝降阶礼接，问所由来。鸾曰："欲学佛法，恨年命促减，故来远造陶隐居，求诸仙术。"帝曰："此傲世遁隐者，比屡征不就。"任往造之。

鸾寻致书通问……及届山所，接对欣然。便以仙方十卷，用酬远意。……

因即辞还魏境，欲往名山依方修治。行至洛下，逢中国三藏菩提流支，鸾往启曰："佛法中颇有长生不死法，胜此土仙经者乎？"流支唾地曰："是何言欤！非相比也。此方何处有长生不死法？纵从长年，少时不死，终更轮回三有耳。"即以《观经》授之曰："此大仙方，依之修行，当得解脱生死也。"鸾寻顶受，所赍仙方并火烧之，自行化他郡，流靡宏广。魏主重之，号为神鸾焉。下敕令住并州⑤大寺，晚复移住汾州北山石壁玄中寺。时往介山⑥之阴，聚徒蒸业，今号鸾公岩是也。以魏兴和四年，因疾卒于平遥山寺，春秋六十有七。……敕乃葬于汾西泰陵文谷，营建砖塔，并为立碑，今并存焉。

然鸾神宇高远，机变无方，言晤不思，动与事会，调心练气，对病识缘，名满魏都，用为方轨。因出《调气论》，又著作王邵随文注之。又撰《礼净土十二偈》，续龙树偈后，又撰《安乐集》两卷等，广流于世，仍自号为"有魏玄简大士"云。

注释

① **雁门**：今山西代县。

② **四论**：此指《中论》《百论》《十二门论》《大智度论》。

③ **汾州**：今山西汾阳。

④ **陶隐居者**：即陶弘景。

⑤ **并州**：今山西阳曲以南、文水以北的汾水中流地区。

⑥ **介山**：在今山西介休东南。

译文

释昙鸾，或称昙峦，姓氏不详，雁门（今山西代县）人。家住在五台山附近，常闻神迹灵异之事，当时尚未立志向学，便登山寻访，备观遗迹，颇为神异之事迹所感动，十几岁便出家。勤奋好学，博览内外典籍，对于"四论"（即《中论》《百论》《十二门论》《大智度论》）和佛性学说尤为爱好，颇有心得。后来在研读

《大集经》时，感觉到该经之词义深奥，不易悟解，因而就为该经作注。刚写了一半多一点，就身染疾患，只好暂时搁笔，外出寻医疗治。到了汾州秦陵故址时，入城东门，仰首上望云天，忽见天门洞开，六欲天界的殊胜景象，清楚历历在眼前。因见到天界之奇观，疾患顿愈。拟继续完成《大集经》之注解，但转念一想：生命短促，人生无常，如果不获长年，一切志愿都将很难完成。素闻《本草》诸经，正是阐明长生之术的，不死神仙也历代间出。不如前去修习这种道术，既获长年，再崇弘佛法。

久闻江南陶弘景精通神仙方术，学问渊博，远近推重，遂决定前去拜他为师。于大通年间到了梁朝，乃自报姓名，称自己是从北方来的僧人，特来谒见。当时衙门曾怀疑他是从北方来的奸细，但经详加盘问之后，发现他并没有异常之处，便上奏皇帝。皇帝闻奏后便说："他并非是前来刺探情报之奸细，可把他引入重云殿。"遂从千迷道引入，当时，梁武帝先坐于殿中的绳床上，身穿袈裟，头戴纳帽。昙鸾到殿上后，四顾无人，只见有一高座，座上安放拂尘，位于正殿之中，旁无余座，便径往升之，立佛性义，对梁武帝说："大施主，佛性之义甚是深奥，贫道已略述其要，若有疑问，请即赐问。"其时，武帝随即脱去纳衣、帽子，与昙鸾数番论难，随后便说："今日已晚，明日再谈吧。"昙鸾听罢，从座上下来后，便从千迷道出去。该千迷道前后二十多个门，一般人不易辨认，但他径直走去，竟无一错误。武帝极感惊叹说："这条千迷道，向来进出不易。如何能一下子就走出去，而不迷路？"第二天一早，就把昙鸾引入太极殿，武帝亲自下阶迎接，问他到江南来的意图。昙鸾说："欲学佛法，但恨生命短促，故前来拜访陶弘景，向他学习仙术，以求长生。"武帝说："此陶弘景乃傲世隐士，朕曾多次征召他，但都遭到他的拒绝。"就让昙鸾去拜访陶弘景。

昙鸾先是遣书致意……陶弘景早已听到昙鸾大名，对他的到来甚表欢迎。等昙鸾到了茅山之后，两人谈得十分投机。不久，陶弘景就把《仙经》十卷授予昙鸾。……

昙鸾携带《仙经》回到北魏后，就准备到名山去如法修炼。行至洛阳时，遇到印度来华僧人菩提流支。昙鸾就问菩提流支："佛法中有否胜过此土《仙经》中修炼长生不死之法门吗？"菩提流支听后，很不高兴地说："这是什么话！二者根本不可相提并论。此土哪里有长生不死之法！为人在世，即使能够长寿，最终仍要轮回于三界。"即把《观无量寿经》授给昙鸾，并对他说："这是大仙方，依之修行，当得解脱生死也。"

昙鸾听了这一番教导后，遂把所带的《仙经》烧掉，从此专修净土法门，并收了不少门徒，影响日广，连魏主都称他为"神鸾"。敕住于并州大寺，后来又移住汾州北山石壁玄中寺。他时常到介山之阴聚众念佛，后人称该处为"鸾公岩"。于东魏兴和四年（公元五四二年）因疾圆寂于平遥山寺，世寿六十七。……皇上下敕葬于汾西泰陵文谷，建造了砖塔并立有石碑，今并存焉。

昙鸾其人，精神器宇高远，适应事机的变化，不劳神形去，行为与事情皆能契合时机，善于调心练气，生病时能观因缘，名满京都，成为典范。著有《调气论》，隋著作郎王邵曾加以注释。他还撰有《礼净土十二偈》，接续龙树所造的偈颂后面，又撰《安乐集》两卷等，广泛流传于世。曾自号为"有魏玄简大士"。

梁会稽嘉祥寺释慧皎

原典

释慧皎，未详氏族，会稽上虞[①]人。学通内外，博训经律，住嘉祥寺。春夏宏法，秋冬著述，撰《涅槃义疏》十卷及《梵网经疏》行世。又以唱公所撰《名僧》，颇多浮沉，因遂开例成广，著《高僧传》一十四卷。其序略云："前之作者，或嫌以繁广，删减其事，而抗迹^②之奇多所遗削。谓出家之士，处国宾王，不应励然自远，高蹈独绝。寻辞荣弃爱，本以异俗为贤，若此而不论，竟何所纪！"又云："自前代所撰，多曰'名僧'。然'名'者，本实之宾也。若实行潜光，则'高而不名'；若寡德适时，则'名而不高'。'名而不高'，本非所纪；'高而不名'，则备今录。故省名音，代以'高'字。"传成通国传之，实为龟镜^③，文义明约，即世崇重。后不知所终。

注释

① **会稽上虞**：今浙江绍兴市上虞区西。
② **抗迹**：谓极其高尚之行为也。
③ **龟镜**：龟能卜吉凶，镜能别美恶，犹借鉴义。

译文

释慧皎，姓氏不详，会稽上虞（今浙江绍兴上虞区西）人。学通内外典，博训经律，住于嘉祥寺。春夏二季弘法，秋冬二季著述，撰有《涅槃义疏》十卷及《梵网经疏》，均流行于世。他不太满意宝唱所撰之《名僧传》，叙述内容上，有很多是随着世俗走向的，遂另创体例，撰著《高僧传》，共十四卷。在《高僧传》的序言中，他说："以往所撰僧传，或者嫌僧人活动之繁杂广泛，遂加以删削，因而使得许多僧人的事迹都被遗漏了。或者认为出家之士，处国宾王，不应高蹈隐遁，清高自远，遂略而不收。岂知辞荣弃爱，本以异俗为贤，若此而不论，又有什么值得记叙的呢！"又说："前代所撰的许多僧录、僧传，多称为'名僧'。然而，'名'者，本是实之宾词。若实行潜隐，则'高而不名'；若德寡而趋附时势，则'名而不高'。'名而不高'，本来就不是本传所要收录、记叙的；'高而不名'，则是本传所要收录之对象。故改以往之'名'字而易之以'高'字，称之为《高僧传》。"传成之后，体式完备，文义明晰，举国传阅，朝野敬重。后不知所终。

陈扬都兴皇寺释法朗

原典

释法朗，俗姓周氏，徐州沛郡[①]沛人也。祖奉叔齐给事黄门侍郎[②]青州刺史，父神归梁员外散骑常侍[③]沛郡太守。朗托生之始，母曰刘氏，梦见神人乘楼殿入怀，梦中如言，身与空等。既而觉寤，四体轻虚，有异恒日。五辛杂味，因此悉断。爰在髫龀，卓出凡童，孝敬纯备，志操贞立，家雄六郡④，气盖三边⑤。少习军旅，早经行阵。俭约治身，宠辱无能移也。俄而假节宁远将军徐子彦北伐，门设长戟，坐休大树。惟曰："兵者凶器，身曰苦因。欲海邪林，安能觉者？"年二十一，以梁大通二年二月二日，于青州入道，游学扬都，就大明寺宝志禅师受诸禅法，兼听此寺象律师讲律本文。又受业南涧寺仙师《成论》，竹涧寺靖公《毗昙》。当时誉动京畿，神高学众。……

乃于此山止观寺僧诠法师，餐受《智度》《中》《百》《十二门论》，并《华严》《大品》等经，于即弥纶藏部，探赜幽微。义吐精新，词含华冠。专门强学，课笃形心。可谓师逸功倍，于斯为证。

永定二年十一月，奉敕入京住兴皇寺，镇讲相续。所以《华严》《大品》、四论文言，往哲所未谈，后进所损略，朗皆指擿义理，征发词致，故能言气挺畅，清穆易晓，常众千余。……阐前经论，各二十余遍。二十五载，流润不绝。其间兴树四部，两宫法轮之华，当时莫偶。以太建十三年岁在辛丑九月二十五日中夜，迁神寺房，春秋七十有五。即以其月二十八日，窆于江乘县罗落里摄山之西岭。

初，摄山僧诠受业朗公，玄旨所明，惟存中观。自非心会析理，何能契此清言？而顿迹幽林，禅味相得。及后四公往赴，三业资承。爰初誓不涉言，及久乃为敷演。故诠公命曰："此法精妙，识者能行，无使出房，辄有开示。故经云：'计我见者，莫说此经。深乐法者，不为多说。'良由药病有以，不可徒行。"朗等奉旨，无敢言厝。及诠化往，四公放言，各擅威容，俱禀神略。勇居禅众，辩住长干，朗在兴皇，布仍摄领。禅门宏敞，慧声遝讨，皆莫高于朗焉。然辩公胜业清明，定慧两举，故其讲唱兼存禅众，抑亦诠公之笃厉也。然其义体，时与朗违，故使兴皇座中，排斥中假之诮。布、勇两公见于别纪。

注释

①**沛郡**：今江苏沛县东。

②**给事黄门侍郎**：官职名，简称黄门侍郎，梁齐时隶属于门下省。

③**散骑常侍**：官职名，宋齐时隶属于集书省。

④**六郡**：指陇西、天水、安定、北地、上郡、西河。

⑤**三边**：指幽州、并州、凉州，因其地都在边疆，故称三边。

译文

释法朗，俗姓周，徐州沛郡（今江苏沛县）人。祖奉叔齐，任黄门侍郎青州刺史，其父曾任散骑常侍沛郡太守。法朗托生时，据说其母刘氏梦见神人乘楼殿入怀，在梦中对她说，身与空等。她醒之后，顿时觉得四体轻虚，有异常日。五辛杂味，一时俱断。法朗在少年之时，就聪颖非凡，孝敬父母，意志节操坚决不移，采地雄霸六郡，气盖三边。年少从军，早已经历师旅行阵。修身节省，宠辱皆无法动摇其志。年纪很轻就随徐子彦将军北伐，门口放长戟，坐在大树下休息。并说："兵者凶器，身是苦因。欲海邪林，怎能觉悟？"在梁大通二年即他二十一岁时于青州入道，后游学扬都，从大明寺宝志禅师修习禅法，兼从该寺象律师修习律藏。又从南涧寺仙师研习《成实》，从竹涧寺靖公研习《毗昙》。其才智出众，一时誉动京城。……

后又于北山止观寺从僧诠法师学《大智度论》《中论》《百论》《十二门论》及《华严》《大品》等经，于经、律、论三藏均多所探究、研寻，颇有造诣，勤学有成。

陈永定二年（公元五五八年）十一月，他奉敕入京驻锡兴皇寺，讲经弘法不断，对于《华严》《大品》及

"四论"之义理颇多阐释，发前人之所未发，多有新见。对于后人的缺失，也用通畅易懂的义理补充，听他讲经弘法者常多达千余人。……他讲解前面之经论各二十多遍。在二十五年时间内，弘法不断。他对于四部悉檀义之阐析及对龙树一系思想的弘传，在当时没有人能同他相匹敌。陈太建十三年（公元五八一年）九月二十五日中夜，他于房中示寂，世寿七十五。该月二十八日，葬于江乘县罗落里摄山之西岭。

起初，朗公受业于摄山僧诠，所修习者，以中观学说为主。若非心会析理，何能契此清言？师徒隐避形迹于山林，体会禅法上又能彼此互相契合。到后来慧勇、智辩、法朗、慧布来山受业，佛法得以传续。原先立誓不涉言表，到后来，才开始演述。僧诠曾经说过："佛法精义巧妙，了解就能实践，不涉及语言诠释。经曰：'执着我见的人，不与言经。深乐法要的人，不与言说。'良药自有其妙用，不可妄施。"法朗遵从诠公教诲，未敢多言。待僧诠迁化之后，门下四大法师各擅威容，大弘佛法。慧勇居禅众，智辩住长干，法朗在兴皇，慧布驻摄岭，时人有"兴皇伏虎朗，栖霞得意布，长干领悟辩，禅众文章勇"之誉。而此四法师中，声名最大，影响最著者，莫过于法朗。而智辩注重得意领悟，倡定慧双举，所以他的讲席间尚有禅者，此乃诠公之遗风矣。但其思想与法朗多有相违之处，以致评者常有排斥他的言论。慧布、慧勇详见别传。

陈摄山栖霞寺释慧布

原典

释慧布，姓郝氏，广陵①人也。少怀远操，性度虚梗。年十五处于江阳②，家门军将。时有戎役，因愿领五千人为将，清平寇寨，岂不果耶？众题其言。十六遭兄亡，悟世非常，思解俗网，亲眷知有武略，咸不许之。二十有一，方从本愿。既蒙剃落，便入扬都，从建初寺琼法师学《成实论》，通假实之旨。物议所归，而布恨斯至理，未尽怀抱，承摄山止观寺僧诠法师，大乘海岳，声誉远闻，乃往从之，听开"三论"。学徒数百，翘楚一期。至于洞达清玄，妙知论旨者，皆无与尚。时号之为"得意布"，或云"思玄布"也。故诠之解难，听者似解，而领悟犹迷。及依言愿通，而构难疏略，致使谈论之际，每有客问，必待布而为答。时人为之语曰："诠公四友，所谓'四句朗、领语辩、文章勇、得意布'。"布称得意最为高也。

后于《大品·善达章》中，悟解大乘，烦恼调顺，摄心奉律，威仪无玷。常乐坐禅，远离嚣扰，誓不讲说，护持为务。末游北邺，更涉未闻，于可禅师所，暂通名见，便以言悟其意。可曰："法师所述，可谓破我除见，莫过此也。"乃纵心讲席，备见宗领。周览文义，并具胸襟。又写章疏六驮，负还江表，并遗朗公，令其讲说。因有遗漏，重往齐国，广写所阙，赍还付朗。自无一畜，衣钵而已。专修念慧，独止松林。萧然世表，学者欣慕。

尝造思禅师，与论大义，连彻日夜，不觉食息，理致弥密，言势不止。思以铁如意打案曰："万里空矣，无此智者。"坐中千余人同声叹悦。又与邈禅师论义，即命公之师也，联绵往还，三日不绝。邈止之，叹其慧悟遐举。而卑身节行，不显其美。梁太清末侯景作乱，荒馑累年，三日失食，至四日有人遗布饭，而微似猪肉之气，虽腹如火燃，结心不食。故得遭斯困厄，不履非滥。又曾患脚气，医令服薤，自此至终，常陈此罪。或见诸人乐生西方者，告云："方土乃净，非吾愿也。如今所愿，化度众生。如何在莲华中十劫受乐，未若三途处苦救济也。"

陈至德中，邈引恭禅师。建立摄山栖霞寺，结净练众，江表所推，名德远投，禀承论旨。时为开滞，理思幽微。不为僧师，不役下位，常自缝洗，六时无阙。才扣犍椎③，已居众首。端坐如木，见者懔然。名闻光远，请谒如市。陈主诸王并受其戒，奉之如佛。末以年暮，不参众食，敕给其乳牛，而布回充入众。茕茕④谨摄，实高僧焉。

年至七十，与众别云："布命更至三五年在，但老困不能行道，住世何益？常愿生边地无三宝处，为作佛事去也。幸各好住，愿努其力。"于是绝谷不食，命将欲断。下敕令医诊之，缩臂不许；沈皇后欲传香信，又亦不许。临终遗诀曰："长生不喜，夕死无忧。以生无所生，灭无所灭故也。诸有学士、徒众并委恭禅师，吾无虑矣。"以陈祯明元年十一月二十三日卒于栖霞。……

注释

① **广陵**：今江苏扬州。

② **江阳**：即江北。

③ **犍椎**：也作犍槌、乾槌，寺院中所悬木鱼、钟磬之类，击之以召集法众。

④ **茕茕**：孤特。

译文

释慧布，俗姓郝，广陵（今江苏扬州）人。少有大志，性情豪爽直率。十五岁时住在江北，家门军将。当时经常有兵役，曾表示如果让他率领五千兵马去荡平寇寨，难道不会成功吗？众人都甚嘉其志。十六岁时其兄亡故，深感人生如梦，世事无常，欲离俗出家，亲戚朋友因知其有武略，全不同意。二十一岁才了却出家之愿望。落发之后，即往扬都从建初寺琼法师学《成实论》，通晓假相和实相的道理。慧布觉得《成实论》的思想未能尽意，听说僧诠法师在摄山止观寺盛弘大乘法门，遐迩闻名，乃往摄山从僧诠学"三论"。从师受业者有数百人，皆为当时特出的人才。对于三论之玄旨奥义，他洞达幽微，意领神会，当时没有人能与他相比，故有"得意布"之美誉，有人则称他为"思玄布"。僧诠在讲经解论时，许多听者对于其中有些义理似乎理解了，但于领悟上却仍感迷惑。而在谈论之时，常有人提问，请求释疑，往往需要慧布出来解答。故当时佛教界流传一种说法，曰："诠公四友，所谓'四句朗（即法朗）、领语辩（即智辩）、文章勇（即慧勇）、得意布（即慧布）'。"其中慧布称得意第一，此乃最高的赞誉。

后来，慧布潜心于《大品》，悟解大乘，调伏烦恼，收摄身心，梵行清净。精勤于禅坐，远离尘嚣纷扰，端坐如木，誓不讲说，以护持佛教为时务。后来游访北邺，更进一步涉猎过去所未曾见闻的，于慧可禅师处，一经交谈，便以言悟其意。慧可禅师曰："法师所述，即是破除我见，没有更甚于此的。"而后能完全了解纲宗，纵心于讲席。后又游学齐国，写章疏六驮，携回江南，送予法朗，让其讲说。因原来所写章疏有所遗漏，又重回齐国，补全所缺漏者，又带回交予法朗法师。慧布本人则除衣钵之外，一无所蓄，专心慧悟，独止松林。超然世外，学者欣慕。

慧布曾经造访慧思禅师，与之谈论佛法大义，忘餐废寝，毫无倦意。慧思以铁如意击打案几，曰："万里空矣，无此智者。"座中千余人同声叹悦。又与邈禅师论义，往返三日，接连不绝。邈禅师对其超群慧悟，极表赞叹。慧布虽有超人之慧悟，但向来卑身节行，不到处炫耀。梁侯景之乱时，天灾人祸，一时并至，慧布曾连续三日没吃上饭，至第四天，有人送食物给他，而似有猪肉之味，虽饥肠辘辘，但决意不食。虽然遭受如此灾难，也绝不滥行违戒。又曾患脚疾，医生让他吃韭菜，后来常自陈此罪。或见人乐生西方净土，即告之曰："西方虽是极乐净土，但非是我愿，我之所愿者，乃于此土化度众生。在莲花中十劫受乐，不如在三途中受苦救济。"

陈至德年间，慧布迎请恭禅师建立摄山栖霞寺，结众弘法，闻名于江南一带，远近名德，争相投止。而他本人则不做僧众的老师，不役使居下位的人，经常亲自缝补清洗，六时无缺。初叩犍椎，却已位居众首。理思幽微，端坐如木，见者无不肃然起敬。远近的名僧大德，向他请教佛法者无计其数。陈主以及诸王公大臣，都从他受戒，奉之如佛。到了晚年，食欲不振，皇帝敕他以乳牛，他则回施大众。茕茕孑立，谨严摄持，实为一代高僧啊！

到七十岁时，向大众辞别云："我还有三五年的年限，但既已老了，不能行道，住世何益？常愿生于至今不曾有三宝的边远地区，好去弘传佛法。此地幸好各位都健在，望大家好好努力。"说后则拒绝饮食，眼看生命将绝。皇上下敕令医生诊治，他则不同意；皇后沈氏欲传香信，他也不许。临终时遗诀曰："长生不喜，夕死无忧。因为生本无所生，灭本无所灭也。诸学士、徒众等并委托给恭禅师，我无所忧矣。"于陈祯明元年（公元五八七年）十一月二十三日，在栖霞寺示寂，世寿七十。……

隋京师大兴善寺释僧粲

原典

释僧粲，姓孙氏，汴州陈留①人也。幼年尚道，游学为务。河北、江南、东西关陇，触地皆履，靡不通经。故涉历三国，备齐、陈、周。诸有法肆，无有虚践。工难问，善博寻。调逸古今，风徽②遐迩，自号为"三国论师"。机谲动人，是所长也。

开皇十年，迎入帝里③，敕住兴善，频经寺任，缉谐法众，治绩著声。至十七年，下敕补为二十五众第一摩诃衍匠，故著"十种大乘论"：一通、二平、三逆、四顺、五接、六挫、七迷、八梦、九相即、十中道。并据量经论，大开轨辙，亦初学之巧便也。仍于总化寺敷通此论，以摄学众。又著《十地论》两卷，穷讨幽致，散决积疑。

仁寿二年，文帝下敕置塔诸州，所司④量遣大德，多非暮齿⑤。粲欲开阐佛种，广布皇风，躬率同伦、洪遵律师等，参预使任。及将发京辇，面别帝庭，天子亲授灵骨，慰问优渥。粲曰："陛下属当佛寄，宏演圣踪。粲等仰会慈明，不胜欣幸。岂以朽老用辞朝望！"帝大悦曰："法师等岂不以欲还乡壤，亲事弘化？宜令所司，备礼各送本州。"粲因奉敕，送舍利于汴州福广寺。初达公馆，异香满院，充塞如烟。及将下塔，还动香气如前蓬勃，又放青光。……仁寿年末，又敕置塔于滑州⑥修德寺。初停馆宇，夜放黄光，遍满一室，千人同见。……文帝叹重，更加敬仰。

时李宗有道士褚揉者，乡本江表，陈破入京。既处玄都⑦，道左之望，探微辨析，妙拟三玄⑧。学鲜宗师，情无推尚。每讲《庄》《老》，粲必听临。或以义求，或以机责。随揉声相，即势沉浮。注辩若悬泉，起啭如风卷。故王公大人，莫不解颐⑨抚髀⑩，讶斯权变。尝下敕令揉讲《老》经，公卿毕至，唯沙门不许预坐。粲闻之不忍其术，乃率其门人十余，携以行床，径至馆所。防卫严设，都无畏悼，直入讲会，人不敢遮。……

有沙门吉藏者，神辩飞玄，望重当世。王每怀摧削，将倾折之，以大业五年于西京本第，盛引论士三十余人，令藏登座，咸承群难。时众以为荣会也，皆参预焉。粲为论士，英华命章，标问义筵，听者谓藏无以酬及，牒难接解，谓粲无以嗣。往还抗叙四十余翻，藏犹开析不滞。王止之，更令次座接难。义声才卷，粲又续前难，势更延累，问还得二三十翻，终于下座，莫不齐尔。时人异藏通赡，坐制勍敌，重粲继接他词，慧发锋挺。从午至夕，无何而退。王起执粲手而谢曰："名不虚称，见之今日矣。"躬奉麈尾、什物，用显其辩功焉。而行摄专贞，不贪华望，及禅定郁起，名德待之。道行既隆，最初敕命。粲以高位厚味，沉累者多，苦辞不就。以大业九年卒于兴善，春秋八十有五，弟子僧鸾、僧凤，并以继轨驰名。

注释

① **汴州陈留**：今河南开封。
② **风徽**：风范、美德。
③ **帝里**：即京都。
④ **所司**：主管部门或主管官吏。
⑤ **暮齿**：晚年，此指年长大德。
⑥ **滑州**：今河南滑县。
⑦ **玄都**：本神仙所居之处，此指道观。
⑧ **三玄**：即《庄子》《老子》《周易》。
⑨ **解颐**：大笑、欢笑。
⑩ **抚髀**：以手拍大腿，以示嗟叹。

译文

释僧粲，俗姓孙，汴州陈留（今河南开封）人。幼年即爱好佛教，四处游学。河北、江南、西北等地，都留下了他的足迹。真可谓涉历三国，备观齐、陈、周。许多法席，他都前去聆听，工于问难，善于博究。调逸古今，远近闻名，自号为"三国论师"。其长处是机警过人。

开皇十年（公元五九〇年）被迎入京城，敕住于兴善寺，连任寺主，治寺有方，成就显著。开皇十七年被皇上下敕封为二十五众第一摩诃衍论主，故著"十种大乘论"，内容包括一通、二平、三逆、四顺、五接、六挫、七迷、八梦、九相即、十中道。并对量经论做了大量的阐释。这些都成为当时初学佛者之重要依据。又于总化寺弘通此论，开导学众。又撰《十地论》二卷，探讨幽微，诠释疑难。

隋仁寿二年（公元六〇二年）隋文帝下敕于各州建立佛塔，主管官吏们物色大德分赴各州主持此事，但大多资历、道行过浅而难以胜任。为了开阐佛法，广布皇风，僧粲亲自率领同伦、洪遵律师等，充当使者。即将出发时，向隋文帝辞行，文帝亲自授予灵骨，慰问优渥。僧粲对隋文帝说："陛下乃佛法得以弘传之希望所在，我等得遇明主、盛世，充任使者，实不胜欣幸。怎能以朽老为由而有负朝野之期望呢！"文帝听后，龙心大悦，曰："法师等不是可以回到故里，亲事弘化吗？宜令各地官员，善加接待。"僧粲即奉敕送舍利到汴州福广寺。刚到公馆时，异香如烟充塞满院。等到要把舍利放进塔里时，又是香气四溢，且放青光。……仁寿末年，又敕于滑州修德寺建塔。起初把舍利放于馆中，夜间则放黄光，照遍全室，有一千多人同见。……文帝闻讯，极表赞叹，更加崇敬。

当时，有一道士，本是江南人氏，因陈朝被攻破，遂入京城，住于玄都。该道士对于"三玄"很有造诣。当他讲解《老》《庄》时，僧粲每次都前去聆听，或与之讨论义理，或提出问题加以诘难，相互酬对，轰动一时。王公大人对他俩之机警通博都极表赞叹，也颇多受益。当时皇上曾下敕令该道士讲《老子》五千文，京城公卿，都前去听他讲解，唯独不许僧人前去参加。僧粲赞赏其学术，遂率领十多个门人前去聆听，且带着行床，直接到该道士之馆所。虽然门卫森严，但他旁若无人，直入讲席，弄得连门卫都不敢阻拦。……

此外，当时佛教界也有一位高僧，名叫吉藏，辩才无碍，精通玄理，名重当世。皇上常希望有人能辩倒他，遂于大业五年（公元六〇九年）召集了三十多个论士，令吉藏登席讲解，并接受众论士之诘难。当时的僧俗二界都把此次集会看成是一次盛会，都想前去参加。僧粲是此次集会之论士之一，他接连提出了许多难度很高的问题，与会者都以为吉藏此次将难以酬对了。但是吉藏一一准确解答了。大家又都认为僧粲这下可没话说了，但他很快又提出一些更尖锐、深刻的问题。如此往复四十余番，吉藏仍是口若悬河，滔滔不绝。皇上叫双方暂停了片刻后，双方又开始论难。又进行了二三十番，方才散席。与会者无不夸赞吉藏之博学与辩才，亦十分赞叹僧粲之慧发锋挺，机敏雄辩。那次论辩从中午一直继续到傍晚，还是没有分出胜负来。集会后，皇帝抓住僧粲的手说："法师之学问、辩才见诸今日，真是名不虚传啊！"并亲自为他拿着麈尾、什物等，以表彰其辩功。但是僧粲其人不贪荣华，不慕虚名，对于朝廷赐以之高位重赏，一概不受，认为这些东西只会徒增烦恼，于修道毫无益处，实乃当时沙门之楷模。他于大业九年（公元六一三年）卒于兴善寺，世寿八十五。弟子僧鸾、僧凤并以承继其思想、风范闻名。

隋京师延兴寺释吉藏

原典

释吉藏，俗姓安，本安息[①]人也。祖世避仇移居南海，因遂家于交广之间，后迁金陵而生藏焉。年在孩童，父引之见于真谛，仍乞诏之。谛问其所怀，可为吉藏，因遂名也。

历世奉佛门无两事，父后出家，名为道谅。精勤自拔，苦节少伦，乞食听法，以为常业。每日持钵将还，跣足入塔，遍献佛像，然后分施，方始进之。乃至涕洟便利，皆先以手承取，施应食众生，然后远弃，其笃谨之行，初无中失。谅恒将藏听兴皇寺道朗法师讲，随闻领解，悟若天真。年至七岁投朗出家。采涉玄猷，日新幽致，凡所谘禀，妙达指归，论难所标，独高伦次，词吐赡逸，弘裕多奇。至年十九处众复述，精辩逢游，酬接时彦，绰有余美，进誉扬邑，有光学众。

具戒之后，声闻转高。陈桂阳王钦其风采，吐纳义旨，钦味奉之。隋定百越[2]，遂东游秦望[3]，止泊嘉祥，如常敷引。禹穴[4]成市，问道千余。志在传灯，法轮相继。开皇末岁，炀帝晋蕃置四道场，国司供给，释李两部各尽搜扬，以藏名解着功，召入慧日，礼事丰华，优赏伦异。王又于京师置日严寺，别教延藏往彼居之，欲使道振中原行高帝壤。

既初登京辇，道俗云奔。见其状，则傲岸出群；听其言，则钟鼓雷动。藏乃游诸名肆，薄示言踪，皆掩口杜辞，鲜能其对。然京师欣尚妙重《法华》，乃因其利，即而开剖。

时有昙献禅师，禅门钲鼓，树业光明道俗陈迹，创首屈请敷演会宗。七众闻风造者万计，隘溢堂宇外流四面，乃露缦广筵犹自繁拥；豪族贵游，皆倾其金贝；清信道侣，俱慕其芳风。藏法化不穷财施填积，随散建诸福田，用既有余，乃充十无尽。藏委付昙献资于悲敬，逮仁寿中年，曲池大像举高百尺，缮修乃久身犹未成，仍就而居之，誓当构立，抽舍六物并托四缘，旬日之间施物连续，即用庄严峙然高映，故藏之福力能动物心，凡有所营无非成就。

隋齐王暕夙奉音猷，一见欣至而未知其神府也，乃屈临第并延论士，京辇英彦相从前后六十余人，并已陷折前锋，令名自著者，皆来总集。藏为论主，命章陈曰："以有怯之心，登无畏之座，用木讷之口，释解颐之谈。"如此数百句。王顾学士傅德充曰："曾未近锋御寇，止如向述恐罕追斯踪。"充曰："动言成论，验之今日。"王及僚友同叹称美。

时沙门僧粲，自号三国论师，雄辩河倾吐言折角，最先征问，往还四十余番。藏对引飞激注赡滔然，兼之间施礼貌词彩铺发，合席变情赧然而退，于是芳誉更举顿爽由来。王谓未得尽言，更延两日，探取义科重令竖对，皆莫之抗也。王稽首礼谢，永归师傅，并嚫吉祥麈尾及诸衣物。

晚以大业初岁，写两千部《法华》。隋历告终，造二十五尊像，舍房安置，自处卑室，昏晓相仍竭诚礼忏。又别置普贤菩萨像，帐设如前，躬对坐禅，观实相理，镇累年纪不替于终。

及大唐义举，初届京师，武皇亲召释宗，谒于虔化门下。众以藏机悟有闻，乃推而叙，对曰："惟四民涂炭，乘时拯溺，道俗庆赖，仰泽穹旻。"武皇欣然，劳问勤勤，不觉影移语久，别敕优矜，更殊恒礼。

武德之初，僧过繁结。置十大德，纲维法务，宛从初议，居其一焉。实际定水，钦仰道宗，两寺连请，延而住止，遂通受双愿，两以居之。

齐王元吉，久揖风猷亲承师范，又屈住延兴，异供交献。藏任物而赴，不滞行藏，年气渐衰，屡增疾苦。敕赐良药，中使相寻。自揣势极难瘳，悬露非久，乃遗表于帝曰："藏年高病积，德薄人微，曲蒙神散，寻得除愈，但风气暴增，命在旦夕，悲恋之至，遗表奉辞。伏愿久住世间，缉宁家国，慈济四生，兴隆三宝。"储后[5]诸王并具遗启累以大法。至于清旦，索汤沐浴，着新净衣，侍者烧香，令称佛号，藏跏坐俨思，如有喜色，斋时将及，奄然而化。春秋七十有五，即武德六年五月也。遗命露骸，而色愈鲜白。有敕慰赙，令于南山觅石龛安置，东宫已下诸王公等，并致书慰问，并赠钱帛。

今上初为秦王偏所崇礼，乃通慰曰："诸行无常，藏法师道济三乘，名高十地，惟怀弘于般若，辩囿包于解脱，方当树德净土，阐教禅林，岂意湛露晞晨业风飘世，长辞奈苑遽掩松门，兼以情切绪言见存遗旨，迹留人往弥用凄伤。"乃送于南山至相寺，时属炎热坐于绳床，尸不摧臭，跏趺不散。弟子慧朗树续风声，收其余骨，凿石瘞于北岩，就而碑德。

初藏年位息慈[6]，英名驰誉；冠成之后，荣扇逾远。貌像西梵，言实东华。含嚼珠玉，变态天挺，剖断飞流，殆非积学；对晤帝王，神理增其恒习，决滞疑议，听众忘其久疲。然而爱狎风流，不拘检约，贞素之识，或所讥焉。加又纵达论宗，颇怀简略，御众之德，非其所长。在昔陈隋废兴，江阴陵乱，道俗波迸，各弃城邑，乃率其所属，往诸寺中，但是文疏并皆收聚，置于三间堂内。及平定后，方洮简之，故目学之长，勿过于藏。注引弘广，咸由此焉。

讲三论一百余遍，《法华》三十余遍，《大品》《智论》《华严》《维摩》等各数十遍，并著玄疏盛流于世。及将终日，制《死不怖论》，落笔而卒。词云："略举十门以为自慰。夫含齿戴发，无不爱生而畏死者，不体之故也。夫死由生来，宜畏于生，吾若不生，何由有死？见其初生，即知终死。宜应泣生，不应怖死。"文多不载。

注释

① **安息**：亚洲西部古国，位于今伊朗高原东北部。
② **百越**：指我国东南一带。
③ **秦望**：即秦望山，今浙江绍兴市东南。
④ **禹穴**：浙江绍兴市之会稽山。
⑤ **储后**：太子之别名。
⑥ **息慈**：沙弥之旧译。

译文

释吉藏，俗姓安，本安息人。其祖辈为逃避仇家的追杀，遂迁居至交趾、两广之间（今越南与广东、广西之间），后又迁居金陵而生吉藏。还在童年时，其父带他去见真谛法师，并请真谛替他命名。真谛询问了他的志向之后，就替他命名为吉藏。

吉藏之祖辈历代奉佛，其父信仰尤笃，后出家修行，法号道谅。道谅修习精勤，以乞食听法为常业。每日持钵化缘，回来之后，即洗足入塔，先供诸佛像，然后再分施他人，最后自己再进食。每有大小便及唾液等，先以手捧之，喂养畜生、禽兽等，之后弃之远处，其行为笃厚谨慎，少有失误。道谅常带着吉藏到兴皇寺听道朗法师讲解经论。吉藏聪颖非常，悟性很高，十分喜爱佛法，七岁时投道朗出家。之后跟着道朗法师博览经典，探讨幽微，精勤修习，持之不懈。至十九岁时开始为大众复述经义，讲解精彩，辩才出众，酬对自如，谈吐不俗，颇得时贤大德之赞誉，不久便声名远扬。

受具足戒之后，声名更著。陈朝桂阳王钦仰其风采，经常向他咨询义理，对他甚是推崇。隋平定东南之后，遂游学东南一带，后住锡于秦望山嘉祥寺，没过多少时间，很多人都慕名前去参学，前去问道者多达千余人。他志在弘法，讲经不辍。隋开皇末年，炀帝杨广当时为晋王，他开设了四大道场，供养佛、道二家杰出之僧人、道士，一切费用由政府供给。吉藏因义解精湛，被召入慧日寺，待遇十分优厚。晋王杨广又在京城建造日严寺，延请吉藏前往，希望吉藏能在中原一带进一步弘扬佛法。

吉藏抵达京城后，僧俗二界学众纷纷前去听他讲经弘法。吉藏其人，风神俊逸，辩才出众，在当时京城佛教界中，没有人能与他相匹敌，其演法所到之处皆受到隆重欢迎。当时京城佛界崇重《法华》，吉藏即为大众讲解是经，盛极一时。

有一位昙献禅师，在当时佛教界很有影响。他请吉藏到他的寺院去讲经说法，一时间，前去听讲的人成千上万，把整个寺院挤得水泄不通，只好临时在露天再开讲席，以满足听经者的需要。净信道侣都非常景仰吉藏的德风。一些豪门显贵，布施了许多金银财宝，转眼已堆积如山，吉藏随即把这些财物或散做功德、广种福田，或充入"无尽藏"。仁寿年间，曲池地区有一尊佛像，身高百尺，是很早以前就有人发起修建的，但由于财力不足，一直未建成，吉藏到那个地方后，立誓修建此像。四方信众获此消息后，十日间纷纷施钱捐物，遂了却吉藏重新修建之宏愿。吉藏很有福报，故他所欲做的事，都做得很成功。

隋炀帝的次子齐王杨暕久闻吉藏之盛名，但不知其学问究竟有多高深，大业五年（公元六〇九年）遂延请吉藏到王府去，并邀请了当时京城著名学士六十多人，其中不乏辩论高手，举办了一场规模宏大的辩论会，请吉藏为论主。吉藏开题命章，曰："以怯惧之心，登无畏之座；以木讷之口，作欢娱之谈。"类似这样的话他一连说了数百句。齐王就对学士傅德充说："论主虽未曾与大家论辩，仅以上这一番宏论，恐怕很难有人能赶得上他的了。"傅德充道："出口成章，落笔成论，验之今日矣。"齐王及诸同僚同声赞美。当时僧粲也在场。

僧粲禅师曾自号"三国论师"，辩才遐迩闻名。他首先发问诘难，并与吉藏往复论难四十余番。只见吉藏法师随机应对，引证丰赡，谈吐自如，文采优雅，在座的名士都极表赞叹。那一天一直辩论至夕阳西下，齐王仍觉得尚未尽兴，遂把论辩会延长了两天，主要是对论义理，探讨玄奥，会中都不曾有人能难倒他。齐王稽首称谢，并馈赠了吉祥麈尾及许多衣物。

在大业初年，吉藏已开始抄写《法华经》，共达二千多部，在隋朝间完成；又建造佛像二十五尊，并腾出自己的房舍以放置佛像，而自居于简陋的住处，早晚礼敬，坚持不懈。另外他又安置普贤菩萨像，张设帐幔，每日对着菩萨像坐禅，观实相理，长此以往，终无间断。

唐代初年，当朝皇帝征召佛门精英到京都，吉藏作为代表之一也去了京城，在虔化门谒见了唐高祖。当时一同参见高祖之诸高僧都知道吉藏机悟非凡，就推他先开谈题。吉藏就说："隋代末年，天下大乱，生灵涂炭，皇上承运拯溺，救百姓于水火之中，道俗称庆，仰赞皇恩。"高祖听后，十分欢心，与之对谈终日，十分投机。后来又下敕慰问，礼遇优厚。

唐武德初年，由于佛界发生了不少事，朝廷决定选拔十位高僧，以管理僧界事务，吉藏也被推选为十大德之一。其时，实际和定水二寺都钦仰吉藏之道行、德操，相继延请他止住。他都答应了，遂在二寺中轮流居住。

过了不久，齐王李元吉钦慕吉藏之风神，遂延请他至延兴寺供养。吉藏任物随缘，居无定所，由于年事渐高，疾病屡发，皇上遂亲赐良药，并派使者前去慰问。当时吉藏自揣大限已到，疾病恐难治愈，就上书与高祖辞别，曰："吉藏年老多病，德薄人微。前次幸蒙御赐神药，病体得愈。但近来风寒，日益严重，已濒病危，不得不上表辞别。谨祝愿圣躬康泰，安国利民，兴隆佛法僧三宝。"皇亲国戚等，都遗表辞别，并祈请他们继续护持佛法。到了清晨时，就索汤沐浴，换上了新纳衣，侍者烧香，称念佛号。吉藏结跏趺坐禅思，面容愉悦。斋时将至，则奄然迁化。世寿七十五，其时即唐武德六年（公元六二三年）五月。临终时，他曾遗嘱自己入灭后，暴露尸骨，无须埋葬。他死了之后，门人们曾将其色身在露天摆了一段时间，颜色更为鲜白，足见其道行之高深。

唐太宗在为秦王时，对吉藏就特别推崇，曾致书吊唁，曰："精通三藏名教，弘传般若教理，澄明解脱法门，正需要他在禅林宣教，建树净土之时，想不到他却像朝露一样忽然奄化了。遗言不忘弘法利生，更使人感念悲伤。"并派使者把吊唁文书送往南山至相寺。当时正当夏季，吉藏之遗体端坐于绳床之上而不腐烂发臭。后来，弟子慧朗收拾起他的遗骨，埋葬于北岩，并树碑撰铭，称颂其功德。

吉藏在当沙弥的时候，就英名远扬。二十岁后，声名就更大了。其貌有点类似西域人，但已完全汉化了。他博学多识，辩才无碍；对晤帝王，神理迭出；决疑释滞，听者忘疲。但他不拘检约，爱狎风流，因此曾遭到一些贞素之士的讥议。加之他纵达诸论，崇尚简略，治理寺院，管理僧众，则非其所长。在陈隋交替之际，天下动乱，道俗奔竞，乃率其所属往诸寺中，但文疏典籍等，并皆收而藏之，把它放于三间房中。等到天下平定之后，才对它进行分疏整理，故目录之学，尤其是他之专长，注疏引证之广博亦在此。

他曾讲解三论一百多遍，《法华经》三十多遍，讲《大品》《大智度论》《华严》及《维摩诘经》各数十遍。并写了许多注疏，这些流传于世。在他临终时，撰《死不怖论》，落笔而卒。论曰："略举十门以自慰。夫一切含生之类，莫不爱生而畏死，此皆因不明了佛法的缘故。夫死乃由生而来，实际上应该是畏生而非畏死。因为我若不生，何由有死？见其初生，即知终归必死。因此应该泣生，而不应该怖死。"文字较长，恕不具载。

唐京师宏福寺释僧辩

原典

释僧辩，俗姓张，南阳人也。渚宫①陷没，入关住于冯翊②焉。年甫七岁，日诵千言，时以奇之，声于乡壤。十岁欣仰道法，思欲出家，局以公宪，未蒙剃落。乃听《维摩》《仁王》二经，文义俱收。升座覆述，宣吐教理，有称于时。先学大德相顾曰："吾等没后，不足忧也。此人出家，绍隆遗法矣。"

开皇初年，敕遣苏威，简取三千人用充度限，辩年幼小，最在末行。轻其行业，召令口诵，言词清啭，章句契断，神明坚正，见者瞩目。由是大蒙嗟赏，余并不试，同得出家。

受具已后，专寻经论。时有智凝法师，学望京华，德隆岳表，辩从问知津，乃经累载，承席覆述，允益同伦，遂复旁疏异解，曲有正量，识者佥悟，击其大节。大业初岁，召入大禅定道场，众复屯之，欣其开解。

武德之始，步出关东，蒲虞陕虢，大宏法化。四远驰造，倍胜初闻。尝处芮城③，将开《摄论》，露缦而听，李释同奔。序玄将了，黄巾④致问，酬答乃竟，终诵前关。辩曰："正法自明，邪风致翳，虽重广诵，不异前通。"黄巾高问转增，愚叟谓其义壮。忽旋风勃起，径趣李宗。缦倒掩抑，身首烦扰，冠帻交横，衣发紊乱。风至僧伦，怗然自灭。大众笑异其相，一时便散。明旦入文，赧然莫集。辩虽乘此胜，而言色不改，时共伏其异度也。

贞观翻经，被征证义，宏福寺立，又召居之。虽屡处以英华，而情不存得丧，约时讲说，不替寒温。异学名宾，皆欣预席。故使大海之内外、僧杂华夷，不远万里，承风参谒。《俱舍》一论，振古未闻，道岳法师命章构释，辩正讲论，废而听之，随闻出钞三百余纸。或闻初开法肆，或中途少闲，但有法座，无论胜负，咸预位席，横经而听。斯渴法之深，良未俦矣。而谦让知足，不重荣势。名满天下，公卿咸委，而不识其形也。皆来觅之，辩如常威仪，不变其节，任其来去，曾无迎送。时侪伦诸德，以此怀尚而不能行也。

以贞观十六年六月十三日卒于宏福寺，春秋七十有五。于时炎曦赫盛，停尸二旬，而相等生存，形色不变，迄于葬日，亦不腐朽。……殡于郊西龙首之原，凿土为龛，处之于内。门通行路，道俗同观。至今四年，鲜肌如在。

自辩置怀慈济，爱法为功，路见贫苦，不简人畜，皆尽其身命，济其危厄。讲听之务，惟其恒习，其《摄论》《中边》《唯识》《思尘》《佛性》《无性》论,并具出章疏,在世流布。

注释

①渚宫:原指春秋时楚庄王所建之别宫,故址在今湖北江陵城内,后成为江陵之别称。

②冯翊:郡名,位于今陕西大荔县。

③芮城:县名,因县西之西芮城得名,在今山西省境内。

④黄巾:此指道士。

译文

释僧辩,俗姓张,南阳(今河南南阳)人。当江陵一带沦陷时,他到了关中,住于冯翊(古郡名,位于今陕西境内)。七岁时,已能日诵千言,当时人皆称奇,在家乡已小有名气。十岁喜爱佛法,很想出家,但没能如愿。就在家听《维摩诘经》《仁王经》等,文义兼收。让他升座复述,他口齿伶俐、思路清晰,备受称赞。先辈大德都相视而笑,赞叹道:"我等入灭之后,不足忧也。此人日后出家,必将大弘佛法。"

开皇初年(公元五八一年),朝廷欲度三千人出家,僧辩在所欲度之三千人中年纪最小，考官认为他之行业必定较差，就抽查了他，让他背诵佛经，没想到他小小年纪，却神态自若，背诵如流，断章取句，皆应符节，顿时引起大家之注目、赞叹。考官见此情景，其他的人也不多加考核，三千人同时免试出家。

受具足戒后，他专心致志，博览经典。其时有智凝法师，名闻四海，誉满京华，僧辩便从之受学，获益良多。此后，他广读经论，著述注疏。大业初年（公元六〇五年）他应召入住大禅定道场，僧众们都很喜欢听他讲解经论。

武德初年（公元六一八年）他离开关东，大弘佛法，四方学僧，纷纷去向他问道、参学。他曾经住在芮城（今山西境内），阐扬《摄大乘论》，听者云集，僧侣、道士都前去聆听。法席将散时，道士诘难，他广征博引，一一作答。论难正酣，忽然狂风大作，当风吹到道教徒所竖之旗幡时，旗倒幡飘，有些幡带正好缠于道士身上，弄得那些道士衣发紊乱不堪。而当风吹至僧侣所竖的旗幡时，却变成阵阵微风，旗幡飘然有序，如此异相，众全嗟叹。道士们十分狼狈，纷纷离散。次日入文，因愧报而未到席。而僧辩丝毫没有趾高气扬、得势不饶人的表现，相反，他显得十分平静，毫不喜形于色，大家都赞叹他之胸襟、气度。

贞观年间，玄奘翻译佛经时，僧辩被征为证义，敕住于宏福寺。他虽然屡处荣华，而情不存得失，时时处处，讲经不辍。很多教外学士、朝廷显贵也经常莅临法席，听他说法。四远学人，也常闻名前来参谒、问道。但他谦恭自牧，闻法若渴，只因《俱舍》一论，以前从未听过讲解，一听说道岳法师在讲解该论，就立即暂停自己的讲席，前去聆听，并随听随出疏钞三百多纸。此外，只要一听到有什么大德高僧新开法席，而自己稍有余暇者，就前去聆听。其闻法若渴之情，当时罕有人能与他相比。至于荣华富贵、名利得失，于他更如若浮云。他虽誉满天下，王公大臣、朝野显贵对他都十分敬重，经常去向他参学、问道，但他只以佛法相交，余皆淡然处之，即使地位再高的人来参访，他都概不迎送。这一点，在当时的佛教界，能够真正做到的人并不多。

贞观十六年（公元六四二年）六月十三日卒于宏福寺，世寿七十五。当时正值夏天，天气炎热，但其尸体停放了很长的一段时间，而形色不变，到了安葬的那天，也没有腐坏，足见道行非同一般。……后葬于郊西陇首之原野上，挖土造塔，将肉身置于其中。塔门通向道路，僧俗皆来观礼。至今已四年，其肉身鲜活犹在。

僧辩自入道以来，酷爱佛法，慈悲为怀，路见贫苦，只要是有情众生，都尽其所能，济其危困。一生讲经不辍，弘法不断，对《摄大乘》《中边》《唯识》《思尘》《佛性》《无性》诸论均有注疏，并都流传于世。

唐京师宏福寺释灵润

原典

释灵润，俗姓梁，河东虞乡[①]人也。家世衣冠，邦闾望族，而风格宏毅，统拟大方。少践清猷，长承余烈，故能正行伦据，不肃而成。昆季[②]十人，秀美时誉。中间三者，齐慕出家，父告子曰："但诵《观音》，先度即当许也。"润执卷便诵，一坐不起，从旦至中，文言遂彻。便预公度，依止灵粲法师，住兴善寺。粲有正行，备于别传。

年十三，初听《涅槃》，妙通文旨。将及志学，销会前闻，括悟新理，便登讲座，宣释教意，部分科宗，英秀诸僧，咸欣其德，加又钦重行禁，动静惟安，不妄游从，常资规矩，所以兴善大德、海内名僧，咸相顾而言曰："此沙弥发踪能尔，堪住持矣。"于后深心至道，通赡群师。预在见闻，包蕴神府。当即黼藻[③]人法，珪璋[④]解行。皆统其本支，该其成败。仁寿感瑞，怀州造塔，有敕令往，官供驿乘，随师东赴。乞食徒行，独无受给，既达河内，道俗伏其精通，敬其行范，所有归戒并从于润。当即名厉河北，誉满京师。闻泰岳灵岩寺僧德肃清，四方是则，乃杖策寻焉。既睹副师，遂从谘训。乃习般舟行定，无替晨昏。初经三七，情事略疲。自斯已后，顿忘眠倦。身心精励，遂经夏末。于时同侣五百余人，各奉行定，互相敦励。至于解坐，同行无几，惟润独节秀出，情事莫移。皆不谋同词，敬称徽绩。时父任青州益都令，外祖吴超任怀州怀令，堂祖吴同任齐州山茌令，姨夫侯援任曹州金乡令，并润之宗族内外亲姻。虽往还讲肆，游其所部，事逾行路，一无过造。及生缘背丧，或有悲慕邀延者，润情若风传，不往登践。斯割爱从道，皆此类也。

有道奘法师，擅名海岱，讲《摄大乘》，又往寻焉。时未具戒，早飞声彩。周流法席，文义圆通。问难深微，称传元宰。预是同席，心共揖之。既承师有本，即奉奘以为和尚。大戒已后，方诣律司。《十地》诸经，略观文体。

年二十三还返京室，值志念法师正宏小论，将欲博观智海，预在听徒，有辩相法师，学兼大小，声闻于天，《摄论》初兴，盛其麟角，在净影寺创演宗门，造疏五卷，即登敷述，京华听众，五百余僧，竖义之者数登二百。润初从关表，创预讲筵。祖习异闻，遂奋奇论。一座惊异，侧目嘉之。登有辩行法师，机论难拟。处众高谢而敬惮焉，虽则负誉帝京，而神气自得。或讥毁达其耳者，曾若不闻。以道镇心，情无喜怒。末法攸寄，诚可嘉焉。

大业初岁，风疾暴增，后复本心，更精新业。又恐报倾旦夕，不守本怀，讲导世流，往还烦杂。遂脱略人事，厌俗归闲。遂往南山之北，西极澧鄠，东渐玉山，依止寒林，头陀为业。时与沙门空藏、慧琳、智信、智光等，京邑贞干，同修出离。既处丛冢，鬼神斯恼，或被推荡偃仆，或扬声震叫者，润独体其空寂，宴坐如空。诸被娆者，皆来依附，或于深林旷野狼虎行处，试心安止，都无有畏。当遵此行，尽报传持。

属大业末年，不许僧出，遂亏此行，乃还兴善，托于西院，独静资业，一食入净。常讲《涅槃》众经。有慧定禅师等，归依受业，相率修课，不出院宇，经于三年。结侣渐多，行清动众。时僧粲法师，一寺顶盖，锐辩无前，抗衡京国。乃率诸翘望五十余僧，来至法会，详其神略。人并投问玄隐之义，润领宗酬答，剖判泠然，咸共欣赏，妙符经旨。尔后誉传先价，众聚相从。既懿业内传，将流法味。

大业十年，被召入鸿胪⑤，教授三韩⑥，并在本寺翻新经本，并宗辖有承，无亏风彩。会隋氏乱伦，道光难缉，乃隐潜于蓝田之化感寺，首尾一十五载，足不垂世，离经专业。众请便讲，以示未闻。春秋入定，还遵静操。沙门志超，抗节禅府，闻风造展，遂等宿交，相师念定，欣从语嘿。时天步饥馁，道俗同沾。化感一寺，独延宾侣，磨谷为饭，菽麦等均。昼夜策勤，宏道为任。故四方慕义，归者云屯。……

贞观八年，敕造宏福，复被征召，即现翻译，证义须明，众所详准，又当斯任。至于词理有碍，格言正之，同伦纠位，斯人最上。京邑释门，实惟僧杰。

初润隋末在兴善院，感魔相娆，定志不移，冥致善神捉去，经宿告曰："昨日魔子依法严绳，深知累重，自感而死。"若此征应，其量难纪。

武德七年，时任化感。寺主智信，为人所告，敕使围寺，大显威权。润曰："山居行道，心不负物。贤圣所知，计非所害。"使人逾怒。忽有大风雷震，山崩树折，吹其巾帽坐席，飘落异处。人众丧胆，遂求悔过。润曰："檀越有福，能感幽灵，斯之祥征，昔来未有。"使者深愧，释然事解。

贞观年中，与诸法侣登山游观。野烧四合，众并奔散，惟润安行，如常顾陟。语诸属曰："心外无火，火实自心，谓火可逃，无由免火。"及火至润，爇余自敛。据事以量，知人难矣。

后住宏福，有僧因事奉敕还俗，复经恩荡，情愿出家。大德连名，同举德度，上闻天听，下敕深责。投诸南裔，骥州行道，于时诸僧，创别帝里，无非恸绝，润独安然，容仪自若。顾曰："三界往还，去来恒理。敕令修道，何有悲凉？"拂衣东举，忻然而趣。道俗闻见，莫不叹伏。

寻尔敕追，洛东安置。化行郑魏，负帙排筵。宏阐《涅槃》，十有余遍，奥义泉飞，慧流河洛。乃报京邑门人，疏曰："吾今东行，略有三益：一酬往谴，二顺厌生，三成大行。吾有宿累，蒙天慈责，今得见酬，则业累转灭，唯加心悦，何所忧也？愚夫痴爱，随处兴着。正智不尔，厌不重生。夫净秽两境，同号大空。凡圣有情，咸惟觉性，觉空平等，何所着也？自度度人，俱利之道。举人出家，依道利物。愿在三有，普济四生，常无退转。三益如是，汝等宜知，各调净根业，兴善而住，吾无虑矣。"仆射房玄龄遇之，称叹累息曰："大德树言，词理俱至，名实之副，诚所望也。"不久敕追，还住宏福，居宗扬化《涅槃》正义，唯此一人也。然其爰初入道，奉节不亏。持操摄仪，魁质雄雅，形器八尺，动静温和，挺超联类。

十三离俗，更不重临。二亲既崩，兄弟哀诉，情守自若，曾无动容。但为修冥福，设会千僧，再度尽京，施悲田食而已。至于世情得丧，浮艳雕华，既不附心，口亦无述。时俗往还，直知叙对，皆绝供给，随言将遣。

前后所讲《涅槃》七十余遍，《摄大乘论》三十余遍，并各造义疏一十三卷，玄章三卷。自余《维摩》《胜鬘》《起信论》等，随缘便讲，各有疏部。而立义伦通，颇异恒执。至如摄论、梨耶，义该真俗。

真即无念性净，诸位不改；俗即不守一性，通具诸义。转依已后，真谛义边即成法身，俗谛义边成应化体，如来转依作果报体。据于真性无灭义矣。俗谛自相，有灭不灭。以体从能染分义灭，分能异体虑知不灭。及资粮章中，众师并谓，有三重观，无相、无生及无性性也。润揣文寻旨，无第三重也，故论文上下，唯有两重。……诸如此等，有异诸师。存废之旨，陈具章疏。

注释

① **虞乡**：今山西永济市。
② **昆季**：即兄弟。长者为昆，幼者为季。
③ **黼藻**：即华美的辞藻。
④ **珪璋**："珪"与"璋"本皆指朝会所执之玉器，

后多以"珪璋"指美德。

⑤ **鸿胪**：官名。西汉时主管贺、庆、吊、赞等事；后汉改称大鸿胪卿；北齐置鸿胪寺，有卿、少卿各一人。

⑥ **三韩**：汉时朝鲜南部分为马韩（西）、辰韩（东）、弁韩（南）三部，合称"三韩"。

译文

释灵润，俗姓梁，河东虞乡（今山西永济市）人。其家乃当地望族，世代仕宦。他本人性格刚毅，气度恢宏，少年时就涉猎玄理，故长大之后能精通佛教义理。家中有兄弟十人，都清秀识礼，在家乡一带颇有美誉。其中有三个兄弟都钦慕佛法，希望出家。其父就对他们说："你们先诵《观音经》，若能背诵、理解了，我就同意你们出家。"灵润拿起《观音经》就读，一坐不起，从早上一直读到中午，非但能背诵，而且颇通其中之义理，其父遂让他出家。他往兴善寺依止灵粲法师。灵粲的正行，详述于别传。

十三岁时，开始聆听《涅槃经》，妙通文旨。到十五岁时，便通晓了许多佛教之义理，并开始登座讲解佛经，思路清晰，颇得要领，加之他戒行严谨，因而受到当时许多名僧大德的赞赏，称赞道："此沙弥现在就能如此精通义理，严谨修行，日后必成大器，定能弘扬正法。"此后深心于佛道上，参访各方名师。见闻敏锐，解行并重。仁寿年间，皇帝感瑞于怀州（今河南汝阳县）造塔，遂下敕令僧人前往主持此事，并为之提供驿乘随从，但灵润一路乞食徒行，不要官府的一切供给。到达河南之后，道俗钦服其德操，崇敬其道行，所有归戒都听从于灵润，因而名闻二河，誉满京师。他听说泰岳灵岩寺僧德肃清，为四方学士所推崇，就杖策前往。到达之后，就在该寺修习般舟三昧，日夜不歇。在起初的三个七日里，略有疲倦之感，三七之后，就倦意顿消，身心精励，一直修习到那一年夏末。起初，有五百个同伴一起修习此般舟三昧，大家互相鼓励，但到解座时，则所剩无几，只有灵润独自出众，情志不移，一时众人称颂。当时，其父任青州益都令，外祖父吴超任怀州怀令，堂祖父吴同任齐州山茌令，姨夫侯援任曹州金乡令。灵润虽然在这一带游学弘化，讲经说法，经常游历这些亲属所治之处，但从来不曾去看望他们。乃至于这些亲属家中之生缘病丧等，他也从不过问。其割爱从道，一至于此。

其时，道奘法师名扬四海，翻经同时，正在讲解《摄大乘论》，他又前去参学。当时他尚未受具足戒，但已精通义理，名闻遐迩。在讲席中，他经常发问，所问之问题义理深湛，为众所瞩目。既从道奘受学，就拜他为师。受具足戒后，又开始钻研律藏，《十地》诸经，遍读无遗。

二十三岁，又返回京城，正好当时志念法师在讲解小论，他为了全面了解大、小乘之学，就又前去听讲。又有辩相法师，学兼大、小二乘，影响很大。其时，《摄论》刚开始流行，辩相法师在净影寺讲解该论，并亲自造疏五卷，登座说法，京城五百多僧众，纷纷前去聆听。席间，有许多人提问诘难，灵润也参加了该法席，也提出了一些问题，不意，一语惊四座，令大众都刮目相看，因之名声大噪。因为誉满京城，随之也就有些流言蜚语对他加以诋毁，但他若无其事，喜怒不动于心、形于色。

大业初年（公元六〇五年），他忽患风疾，所幸本心坚定，更能精进道业。但唯恐旦夕病亡，不能完成夙愿，遂摆脱人事牵缠，厌世离俗，到南山之北，西极澧鄂，东渐玉山的山林中修习头陀行。当时，沙门空藏、慧琎、智信、智光等，都修习出俗离世之业。既身处丛林冢间，寓居鬼窟，各种鬼怪妖魔纷纷前来骚扰，或怖以异相，或惊以怪叫，灵润独体空寂，宴坐如空，都不为之所动。那些被烦扰者，皆来依附，尽管在深林旷野、狼虎行处，皆无所畏惧。

大业末年，朝廷不许僧人四处游化，遂终止头陀行，回到兴善寺，住于西院，独静资业。他还常讲《涅槃经》。有慧定禅师等，皈依受业，大家一起修习，从不跨出寺院一步，如此三年，向他参学者日多。当时，僧粲法师，是僧界之佼佼者，尤以辩说著称，有一次，他率领五十余僧，前来参加法会，领略灵润之神采。在法会之上，很多人争相提问诘难，灵润法师一一作答，应付自如，剖析精微，妙符经旨，众全赞叹不已。

大业十年（公元六一四年）被召入鸿胪寺，教授三韩弟子，并在兴善寺翻译经典。隋末动乱，道法难行，遂潜迹于蓝田之化感寺，前后一十五年，足不涉世，专心修习，若有僧人请他说法，随即予以开示。春秋二季修习禅定，续其静业。其时有沙门志超，仰其道行，闻风造访，从其修习。其时适值天灾人祸并发之际，道俗二界都深受影响，化感寺广纳四方游化僧人，磨谷做饭，一视同仁，昼夜修习，弘法不辍。故天下僧人，纷纷前往。……

贞观八年（公元六三四年）敕造宏福寺，灵润又被征召去译场任证义之职，就善于格正词理说，在当时的京城，除了僧粲之外，当推灵润。

隋朝末年，灵润在兴善寺为诸魔烦扰时，丝毫不为诸魔所动,被善神暗中捉去,经过一个晚上,才告诉他:"昨日恶魔已依法严惩,他已知罪重,自感惭愧而死。"如此证验的事很多,难以一一记录。

武德七年(公元六二四年),化感寺寺主智信被人诬告,下敕令兵士包围化感寺,杀气腾腾。灵润道:"我等僧众山居行道,心不负物,贤圣皆知,更没有做什么犯法之事。"使者听后更怒不可遏。突然间狂风大作,雷霆震天,山崩地裂,树倒墙摇。大风把他之巾帽、坐垫吹飘异处,众人见状,都惊恐万分,连连祈求悔过。灵润遂对使者说:"施主福大,能感化幽灵,此种贞祥之兆,以往所未曾有过。"使者听后,都深感愧疚,此事才作罢。

贞观年间,灵润与诸道友一起登山游观,突然遇到山火扑面烧来,大家都惊慌逃散,只有灵润若无其事,照常安步行走,并对诸道友说:"心外无火,火实自心而起,如果火可得逃离,世上也无所谓火了。"当火苗蔓延到灵润身上时,随即熄灭。根据此事加以推量,知者难之又难。

后来,灵润止住于宏福寺,有僧人奉敕还俗,虽受皇恩浩荡,依然真心愿意出家。灵润与诸大德一起联名上疏,请求皇上准许他继续出家修行,皇上大怒,把他贬至南方边远地区,京城僧众,全都悲恸不已,但灵润则安然自若,他说:"三界往还,来去常理。敕命到南方去修道,又有什么值得悲伤的呢?"遂拂衣东举,欣然而去。道俗见状,无不赞叹。

后来,皇上又下敕令他住锡洛东。他行化郑魏,译典讲经,大弘佛法。讲解《涅槃经》十多遍,阐发幽旨,剖析精微,誉满河洛。他曾致书京城的门人曰:"我这次东行,略有三益:一者遵行贬逐之敕;二者顺应了我厌离世俗之情;三者弘扬佛法,成就正行。我有宿业,今受皇上贬责,业累转灭,心里颇觉顺畅,又何烦忧之有?愚夫愚妇,随爱欲漂流。正智者则不是这样,恨不得能够重生。夫净秽二境,同是大空。凡圣众生,全惟觉生,觉空平等,何所执者?自度度人,俱利之道。既已出家,唯在依道利物,普济群生,常无退转。三益如是,你等应知。希望你们今后各调净根,兴善而住。倘能如此,我无忧虑也。"仆射房玄龄见而叹道:"大德树言,词理俱至。实乃众望所归之一代名僧也。"过了不久,皇上下敕,把他召回宏福寺。他乃大阐佛法,尤擅长于涅槃学。节操出众,动静温和,一时名传四方。

灵润自十三岁出家之后,就厌离世情。二亲亡故时,众兄弟向其哀诉,他情守自若,曾无动容,只为他们修造冥福,设千僧斋,回京之后,又为其双亲施悲田食，仅此而已。至于世间的浮丧得失，他更视若浮云，毫不关心，亦不谈及。与世俗之交往，只谈佛法，拒绝供养，若谈供养随口送客。

几十年来，讲经弘法不辍。曾讲《涅槃经》七十多遍，讲《摄大乘论》三十余遍，并造义疏十三卷，玄章三卷。此外，如《维摩诘经》《胜鬘经》《大乘起信论》等，他随缘便讲，且各有注疏。其所讲述著疏，义理通达，颇多独见。至于其讲摄论、唯识之学，更是义该真俗。

真即无念性净，诸位不改；俗即不守一性，融通诸义。认为转依之后，真谛义即成法身，俗谛义即成就应化体，如来转依作果报体。此乃据于真性无灭义矣。至于俗谛自相，即有灭不灭义。以体从能染分义灭，分能异体虑知不灭。对于"资粮章"的诠释，众师均主有三重观，即无相、无生及无性性。灵润认为没有第三重义，故其论述，唯有前二重义。……诸如此类，均有异诸师。存废之旨，具载章疏。

4 习禅

魏嵩岳少林寺天竺僧佛陀

原典

佛陀禅师，此云觉者，本天竺人。学务静摄，志在观方。结友六人，相随业道。五僧证果，唯佛陀无获。遂勤苦励节，如救身衣，进退惟咎，莫知投厝。时得道友曰："修道借机，时来便克，非可斯须徒为虚死。卿于震旦，特是别缘，度二弟子，深有大益也。"因从之，游历诸国，遂至魏北台之恒安焉。时值孝文敬隆诚至，别设禅林，凿石为龛，结徒定念。国家资供，倍加余部。而征应潜着，皆异之非常人也。

恒安城内康家，资财百万，崇重佛法，为佛陀造别院。常居室内，自静遵业。有小儿见门隙内炎火赫然，惊告院主。合家总萃，都无所见。其通微玄，观斯例众也。识者验以为得道矣。

后随帝南迁，定都伊洛，复设静院，敕以处之。而性爱幽栖，林谷是托，屡往嵩岳，高谢人世。有敕就少室山为之造寺，今之少林是也。帝用居处，四海息心之俦，闻风响会者，众恒数百。笃课出要，成济极焉。时或告众曰："此少林精舍，别有灵祇卫护，一立已后，终无事乏。"由使造者弥山而僧廪丰溢，沿彼至今，将二百载，虽荒荐频繁，而寺业充实，远用比之，佛陀无谬传矣。

时又入洛，将度有缘。沙门慧光，年立十二，在天街井栏上，反踢䠟䩄，一连五百，众人喧竞，异而观之。佛陀因见怪曰："此小儿世戏有工，道业亦应无昧。"意欲引度，权以杖打头，声响清彻。既善声论，知堪法器，乃问能出家否？光曰："固其本怀耳。"遂度之。解冠终古，具如别传。

又令弟子道房，度沙门僧稠，教其定业。自化行东夏，唯此两贤，得道记之。谅有深疑，年渐迟暮，不预僧伦。委诸学徒，自相成业。躬移寺外别处零房，感一善神，常随影护，亦令设食而祠飨之。后报欲终，在房门之壁手画神像，于今尚存。

译文

佛陀禅师，汉地称觉者，本天竺人。其学崇尚静修，注重止观。曾结交六个道友，相随学道修行。其中五人已证道果，只有佛陀未有成就。遂发愤修行，勤苦励节，兢兢业业，坚持不懈。其得道之道友就对他说："修道须借助机缘，机缘一到，自然有成，不必如此执意追求。你于汉地有大机缘，所度两个弟子，将对汉地佛教产生巨大影响。"佛陀听从了道友之劝告，遂游历诸国，最后到了北魏北台之恒安。当时魏孝文皇帝崇敬佛法，对他礼遇有加，另外设立禅林，凿石为塔，结集徒众修习禅定。一切费用，由国家资给。他潜心修行，多有异于常人。

恒安城内有一姓康的大户，家财万贯，他又崇信佛法，为佛陀另造别院。他常居住于此别院内专志修行。有一小儿从门隙内见里面炎火炽烈，就报告院主。院主遂率全家前去观看，却一无所见。他幽微玄妙的修行，可见一斑，识者以为此是他得道的象征。

后来随帝南迁，定都洛阳，又设立静院，让他居住。但他性喜幽栖，林谷是托，屡往嵩岳，高谢人世。皇上又敕于少室山为之造寺，亦即今之少林寺也。自此之后，四方学众闻名而至，往少室山向他参学者常数百人。授课精要，济人颇多。他曾告诉徒众曰："此少林寺别有灵祇护佑，一经建立之后，将历久不衰。"此后，到嵩岳去参访游学的人更多，少林寺也日愈昌盛，至今已有二百多年的历史，虽屡发饥荒，但少林寺却一直很兴盛、发达。可见佛陀所说不谬。

后来，佛陀禅师又到洛阳，将度化有缘之人。当时有一个小孩，名叫慧光，才十二岁，在天街之栏杆上反踢毽子，一连踢五百下，许多人都在那里围观。佛陀见后，也甚感奇异说："此小儿毽子踢得这么好，若修学佛法，必定也会出类拔萃。"很想度化他，就用拐杖打他的头，小孩被打就叫了起来，其声音洪亮、清脆，佛陀一听，知是道器，就问他可愿意出家，慧光曰："出家正是我之本愿。"佛陀遂度化之，后来果真成为一位得道高僧。其事迹另见别传。

后来，佛陀禅师又令弟子道房度化沙门僧稠，教他修习禅定。佛陀行化东土，唯此僧稠与慧光称得上是得道之贤弟子。到了晚年，佛陀便不再参与佛界之事，让诸弟子自己修行，他自己则单独移住别处。曾感得一善神，常随卫护，佛陀常设食祠飨之。临终时，他亲手在房门之壁上画了一幅神像，至今犹存。

齐邺下南天竺僧菩提达磨

原典

菩提达磨，南天竺婆罗门种。神慧疏朗，闻皆晓悟。志存大乘，冥心虚寂。通微彻数，定学高之。悲此边隅，以法相导。初达宋境南越，末又北度至魏。随其所止，诲以禅教。于时合国盛宏讲授，乍闻定法，多生讥谤。

有道育、慧可，此二沙门，年虽在后，而锐志高远。初逢法将，知道有归，寻亲事之。经四五载，给供谘接，感其精诚，诲以真法。如是安心，谓壁观也；如是发行，谓四法也；如是顺物，教护讥嫌；如是方便，教令不着。然则入道多途，要唯二种：谓理、行也。

借教悟宗，深信含生同一真性，客尘障故。令舍伪归真，凝住壁观，无自无他，凡圣等一，坚住不移，不随他教，与道冥符，寂然无为，名理入也。

行入四行，万行同摄。初"报怨行"者，修道苦至，当念往劫，舍本逐末，多起爱憎，今虽无犯，是我宿作，甘心受之都无怨诉。经云："逢苦不忧，识达故也。"此心生时，与道无违，体怨进道故也。二"随缘行"者，众生无我，苦乐随缘，纵得荣誉等事，宿因所构，今方得之。缘尽还无，何喜之有？得失随缘，心无增减，违顺风静，冥顺于法也。三名"无所求行"，世人长迷，处处贪着，名之为求。道士悟真，理与俗反，安心无为，形随运转。三界皆苦，谁而得安？经曰："有求皆苦，无求乃乐也。"四名"称法行"，即性净之理也。磨以此法，开化魏土，识真之士，从奉归悟。录其言语，卷流于世。

自言年一百五十余岁，游化为务，不测于终。

译文

菩提达磨，南天竺人，属婆罗门种姓。从小聪颖机敏，悟性超人，立志弘扬大乘。后精通定学，造诣高深。因可怜此边地但以法相引导，南北朝时从海路来到中土，先抵广州，后到金陵，曾与梁武帝谈论佛法，因不投缘，遂渡江至北魏。所到之处，都向人传授禅法定学。当时中国佛教界，盛行讲经说法，听说达磨传授禅法定学，都颇感诧异，并屡遭讥讽。

当时有两个沙门，一叫道育，一叫慧可，虽是年轻后学，但锐志大乘，爱好禅法，自从遇到达磨后，知道碰到良师，遂师事之。在四五年的时间内，他们跟随左右，诚心侍候，达磨感其真诚，遂授以大乘安心之法：

安心（理入）、发行（行入）、顺物、方便。并对他们说，佛法虽然浩瀚广博，但最根本的有两种：一曰"理入"，一曰"行入"。

借教悟宗，深信一切众生都有佛性，只是由于客尘烦恼所障碍，不能洞见佛性。舍伪归真，凝住壁观，则无自无他，凡圣等同，坚住不移，更不随于他教，此即与道冥符，寂然无为，这就是"理入"。

所谓"行入"者，主要是教法的实践，万行皆容摄其中。其中有"四行"：一曰"报怨行"，亦即修道之人，若受苦时，应当把它看成是自己过去世舍本逐末，多起爱憎诸恶业所致，现在世虽然无做恶业，但因过去世之恶业报应，遂有眼前诸苦，因之现在甘心忍受各种苦难，毫无怨恨之意。此正如经上所说的："蒙受苦难，却能处之泰然，皆因了达三世因缘果报。"此心生起时，即能与理相应，体怨而能进道也。二曰"随缘行"，亦即众生本来无我，皆由昔业所致，一切苦乐，皆从缘生。纵有荣誉胜报等事，也都是过去世诸善业，今日方才得受。缘尽之后，一切还归于无，何喜之有？一切荣辱得失，皆任运随缘，心无增减，八风不动于心，举止合乎于道，这就是"随缘行"。三曰"无所求行"，亦即世俗之人，长期执迷不悟，处处贪求执着，此即是"求"。修道之人，能体悟真理，与世俗之人相反，安心于无为，此即是"无所求行"。一味追求执着，因三界皆苦，岂能有乐？因此经云："有所贪求的人，必然苦难不断；无所贪求的人，才能获得真正的法乐。"四曰"称法行"，亦即性净之理。此法空而无相，无染无着，修道之人，应当称法而行，不染不着，自利利他，此为"称法行"。达磨在汉地大弘此法，识真之士，纷纷皈依信奉之，记录其言语，流行于世。

菩提达磨自称一百五十多岁，以游化弘法为务，后不知所终。

齐邺中释僧可

原典

释僧可，一名慧可，俗姓姬氏，虎牢[①]人。外览坟素[②]，内通藏典。末怀其道，京辇默观时尚。独蕴大照，解悟绝群，虽成道非新，而物贵师受。一时令望，咸共非之。但权道无谋，显会非远。自结斯要，谁能击之。年登四十，遇天竺沙门菩提达磨，游化嵩洛，可怀宝知道，一见悦之，奉以为师，毕命承旨。从学六载，精究一乘。理事兼融，苦乐无滞。而解非方便，慧出神心。可乃就境陶研，净秽埏埴[③]。方知力用坚固，不为缘陵。

达磨灭化洛滨，可亦埋形河涘，而昔怀嘉誉，传檄邦畿，使夫道俗来仪，请从师范。可乃奋其奇辩，呈其心要，故得言满天下，意非建立，玄籍遐览，未始经心。

后以天平之初，北就新邺，盛开秘苑。滞文之徒，是非纷举。时有道恒禅师，先有定学，匡宗邺下，徒侣千计，承可说法，情事无寄，谓是魔语，乃遣众中通明者，来殄可门。既至闻法，泰然心服，悲感盈怀，无心返告。恒又重唤，亦不闻命。相从多使，皆无返者。他日遇恒，恒曰："我用尔许功夫开汝眼目，何因致此？"诸使答曰："眼本自正，因师故邪耳。"恒遂深恨，谤恼于可。货赇④俗府，非理屠害。……

遂流离邺卫，亟展寒温。道竟幽而且玄，故末绪卒无荣嗣。有向居士者，幽遁林野木食，于天保之初，道味相师，致书通好曰："影由形起，响逐声来。弄影劳形，不知形之是影；扬声止响，不识声是响根。除烦恼而求涅槃者，喻去形而觅影；离众生而求佛，喻默声而寻响。故迷悟一途，愚智非别。无名作名，因其名则是非生矣；无理作理，因其理则诤论起矣。幻化非真，谁是谁非？虚妄无实，何空何有？将知得无所得，失无所失。未及造谈，聊伸此意，想为答之。"可命笔述意曰："说此真法皆如实，与真幽理竟不殊。本迷摩尼谓瓦砾，豁然自觉是真珠。无明智慧等无异，当知万法即皆如。愍此二见之徒辈，伸词措笔作斯书。观身与佛不差别，何须更觅彼无余。"其发言入理，未加铅墨，时或缵之，乃成部类，具如别卷。

时复有化公、廖公和禅师等，各通冠玄奥，吐言清迥，托事寄怀，闻诸口实，而人世非远，碑记罕闻。微言不传，清德谁序，深可痛矣。时有林法师，在邺盛讲《胜鬘》并制文义，每讲人聚，乃选通三部经者，得七百人，预在其席。及周灭法，与可同学，共护经像。

初达磨禅师以四卷《楞伽》授可曰："我观汉地，唯有此经。仁者依行，自得度世。"可专附玄理，如前所陈，遭贼斫臂，以法御心，不觉痛苦。火烧斫处，血断帛裹，乞食如故，曾不告人。后林又被贼斫其臂，叫号通夕。可为治裹，乞食供林。林怪可手不便，怒之。可曰："饼食在前，何不可裹？"林曰："我无臂也，可不知耶？"可曰："我亦无臂，复何可怒？"因相委问，方知有功，故世云"无臂林"矣。每可说法竟曰："此经四世之后，变成名相。一何⑤可悲！"

有那禅师者，俗姓马氏，年二十一，居东海，讲《礼》《易》，行学四百。南至相州遇可说法，乃与学士十人出家受道。诸门人于相州东，设斋辞别，哭声动邑。那自出俗，手不执笔及俗书，唯服一衣一钵，一坐一食，以可常行，兼奉头陀。故其所往，不参邑落。有慧满者……专务无着。一衣一食，但畜二针。冬则乞补，夏便通舍，覆赤而已。……斯徒并可之宗系，故不别叙。

注释

① **虎牢**：在今河南荥阳氾水镇。
② **坟素**：三坟五典之通称，泛指我国古代典籍。
③ **埏埴**：和土。埏，和；埴，土。和土以为饮食之器。
④ **赇**：贿赂。
⑤ **一何**：为何如此。表感叹之辞。

译文

释僧可，一名慧可，俗姓姬，虎牢（今河南荥阳氾水镇）人。精通中国古代诗书典籍，博览佛典，后至京城，注重悟解，崇尚默照，这与当时佛教界之注重讲经说法很不相同，遂招致一些人的非议。但至真之法终究是会得到弘扬的。约四十岁时，遇天竺沙门菩提达磨在嵩洛一带游化，慧可对他的禅学思想十分推崇，遂礼他为师，跟从他学道六年，精究一乘。理事兼融，苦乐无滞。慧出神心，悟解出众，又肯实在学习。达磨灭度后，他在嵩洛一带晦迹韬光，潜心修道，但因早年名驰京畿，四方学士纷纷前来问道参学，请求师范。慧可乃随时为学众开示心要，因而声誉日隆，自然名满天下。

天平初年北游至邺都一带，大弘禅法。当时一些滞文守义之徒，非议迭出。有一个法号叫道恒的禅师，在邺都一带很有影响，门下有徒众千余人，他指斥慧可之禅法是"魔语"，并派精明弟子到慧可处，欲同他论辩。可是他们一听慧可说法，便泰然心服，悲感满怀，且再也不想回去了。道恒又派其他的弟子前往，但所有去的人，都再也不回去了。后来，道恒遇到那些离他而去的弟子时，就问他们："我费了不少的心血开你等眼目，你们为什么背离师门呢？"诸位弟子答道："我等眼目本来自正，因师致邪耳。"道恒因此更加怨恨慧可，便横加诽谤，并贿赂官府，欲加害于慧可。……

由于在邺都受到迫害，慧可遂流离至邺卫（今安阳、汲县）一带。因居无定所，加之其道较为玄奥，故没有多少随从弟子。当时，有一位姓向的居士，平素喜欢幽栖木食，遁迹林野，很推崇慧可之禅法，天保初年向慧可致书通好曰："影乃由形而起，响则由声而生。弄影劳形者，不知形之是影；扬声止响者，不识声是响根。影子由形体而起，音响由声波而生。那些弄影劳形的人，不知道形就是影；那些扬声止响的人，不明白声是响的根源。以为烦恼尽除就可以求得涅槃的人，就好像弃去形体而寻觅影子一样；离弃众生而痴求成就佛道的人，又如同在默默无声中寻求音响。所以痴迷与悟解本是同一条路，愚笨与明智也没有多少差别。原本无名的东西，硬加上一个名称，形成了框框，就出现了不同认知的是非；原本无常理的事，用世俗道理来划分，形成了僵化，就出现了不同道理的争论。人间幻化无常，有多少是非可争？世事虚妄无实，何必说空说有？我知道已得到的并非真正得到，失去的也不是真正失去，所以在前往谒访请教之前，先向您说这一层意思，希望能得到您的答复。"慧可读了他的来信，就执笔回答说："你说的这些道理，都是如实的真理，和真正的佛法没有多大差别。如果本性迷失了，即使是摩尼智珠也成为瓦砾；内心豁然清明自觉，就是灵魂的真珠。无明与智慧都在一念之间，万法也不离内心的本源。写下这些，为了开导世间有分别见的徒众，须知人身与佛身本无差别，实在不须向外求取了。"其言极富禅意，当时有的人把它编纂成册，具如别卷。

　　当时又有化公、廖公和禅师等，各是精通玄理，也曾与慧可通书酬对，可惜年代久远，碑记已不易多见了，又没有留下文字，着实令人叹惜。又有林法师，在邺都讲《胜鬘经》，并阐析其文义。他每次讲解时，便选精通三部者，计有七百人，慧可也是其中之一。周武帝灭佛时，与慧可同学共护经像，对于佛法之护持不遗余力。

起初，达磨禅师以四卷《楞伽经》授慧可，并对他说："根据我的观察，汉地只有此经。仁者依此修行必能自度度他。"慧可专心致志于玄理，如前所述。遭贼砍臂，以法御心，不觉痛苦。用火烧烫伤口，用布裹住断处，照样乞食，一切如故，旁人竟然没有察觉。后来，林法师也被贼砍断手臂，他疼痛难忍，哀号通宵。慧可为他包扎伤口，外出乞食供养林法师。林法师责怪慧可之手不利索，便发火了。慧可说："饼食就在面前，不是可以吃了吗？"林法师说："我没有手臂，难道你不知道吗？"慧可才说："我也没有膀子，有什么值得发火的呢？"林法师问明所以，更加钦敬慧可禅师，所以世称"无臂林"。慧可每次说法完毕即说："此法经过四世以后，必然变成名相，可悲啊！"

又有一位那禅师，俗姓马，二十一岁时居东海，讲解《礼》《易》，有四百多学徒。有一次，他到了相州（今河南安阳市南）东部，遇到慧可禅师，遂与十个学士一齐出家。众门人于相州东设斋辞行，泣别之声，惊动都城。那禅师自出家之后，即手不执笔及俗书，行头陀行，身穿一衣，手持一钵，所参学之处，均非繁华之地。又有慧满禅师者……也属此类,专务无着。一衣一食,但蓄二针。冬天自己缝补衣衫,夏天就把衣物全都抛弃,只留下一掩体内衣。……这些都是慧可之门徒,所以不再另外叙述。

隋南岳衡山释慧思

原典

释慧思,俗姓李氏,武津[①]人也。少以弘恕慈育知名,闾里称言,颂逸恒问。尝梦梵僧劝令出俗,骇悟斯瑞,辞亲入道。所投之寺非是练若[②],数感神僧训令斋戒,奉持守素梵行清慎。及禀具足,道志弥隆,迥栖幽静,常坐综业,日惟一食,不受别供,周旋迎送,都皆杜绝。诵《法华》等经三十余卷,数年之间千遍便满。所止庵舍,野人所焚,遂显疠疾,求诚乞忏,仍即许焉。既受草室,持经如故,其人不久所患平复。

又,梦梵僧数百,形服瑰异,上座命曰:"汝先受戒律仪非胜,安能开发于正道也?既遇清众[③],宜更翻坛祈请师僧三十二人,加羯磨法[④]具足成就。"后忽惊寤,方知梦受。自斯已后,勤务更深,克念翘专,无弃昏晓,坐诵相寻,用为恒业。由此苦行,得见三生所行道事。

又，梦弥勒、弥陀，说法开悟，故造二像，并同供养。又，梦随从弥勒与诸眷属，同会龙华[5]，心自惟曰：我于释迦末法，受持《法华》，今值慈尊，感伤悲泣，豁然觉悟。转复精进，灵瑞重沓，瓶水常满，供事严备，若有天童侍卫之者。因读《妙胜定经》，叹禅功德，便尔发心修寻定支。

时禅师慧文，聚徒数百，众法清肃，道俗高尚。乃往归依，从受正法。性乐苦节，营僧为业，冬夏供养，不惮劳苦，昼夜摄心，理事筹度。讫此两时未有所证，又于来夏束身长坐，系念在前。始三七日，发少静观，见一生来善恶业相，因此惊嗟，倍复勇猛。遂动八触[6]，发本初禅。自此禅障忽起，四肢缓弱不胜行步，身不随心。即自观察，我今病者，皆从业生，业由心起，本无外境。反见心源，业非可得，身如云影，相有体空。如是观已，颠倒想灭，心性清净，所苦消除。又发空定，心境廓然。夏竟受岁[7]，慨无所获，自伤昏沉，生为空过，深怀惭愧。放身倚壁，背未至间，霍尔开悟。法华三昧[8]、大乘法门，一念明达；十六特胜[9]，背舍阴入，便自通彻，不由他悟。后往鉴、最等师，述己所证，皆蒙随喜。

研练逾久，前观转增，名行远闻，四方钦德，学徒日盛，机悟实繁。乃以大、小乘中定慧等法，敷扬引喻，用摄自他。众杂精粗，是非由起。怨嫉鸩毒，毒所不伤；异道兴谋，谋不为害。乃顾徒属曰："大圣在世不免流言，况吾无德，岂逃此责？责是宿作，时来须受，此私事也。然我佛法不久应灭，当往何方，以避此难？"时冥空有声曰："若欲修定，可往武当南岳，此入道山也。"以齐武平之初，背此嵩阳，领徒南逝，高骛⑩前贤⑪，以希栖隐。

初，至光州⑫，值梁孝元倾覆国乱，前路梗塞，权上大苏山。数年之间归徒如市。其地陈齐边境，兵刃所冲，佛法云崩，五众⑬离溃。其中英挺者，皆轻其生，重其法，忽夕死庆朝闻，相从跨险而到者，填聚山林。思供以事资，施以理味，又以道俗福施，造金字《般若》二十七卷、金字《法华》，琉璃宝函，庄严炫曜，功德杰异，大发众心。又请讲二经，即而叙构，随文造尽，莫非幽颐。后命学士江陵智顗，代讲金经，至一心具万行处，顗有疑焉。思为释曰："汝向所疑，此乃《大品》次第意耳，未是《法华》圆顿旨也。吾昔夏中苦节思此，后夜一念顿发诸法，吾既身证，不劳致疑。"顗即谘受《法华》行法，三七境界难卒载叙。又谘师位即是十地⑭。思曰："非也。吾是十信⑮铁轮位耳。"时以事验，解行高明，根识清净，相同初依⑯，能知密藏⑰。

又如仁王，十善发心，长别苦海，然其谦退言难见实，故本迹叵详。

后在大苏，弊于烽警，山侣栖遑不安其地。又将四十余僧径趣南岳，即陈光大二年六月二十二日也。即至告曰："吾寄此山正当十载，过此已后必事远游。"又曰："吾前世时曾履此处。"巡至衡阳，值一佳所，林泉竦净，见者悦心。思曰："此古寺也，吾昔曾住。"依言掘之，果获房殿基堨、僧用器皿。又往岩下，吾此坐禅，贼斩吾首，由此命终，有全身也。佥共寻觅，乃得枯体一聚。又下细寻，便获髅骨。思得而顶之，为起胜塔，报昔恩也。故其往往传事验如合契，其类非一。

自陈世心学莫不归宗，大乘经论镇长讲悟，故使山门告集，日积高名。致有异道怀嫉，密告陈主，诬思北僧，受齐国募，掘破南岳。敕使至山，见两虎咆愤，惊骇而退。数日更进，乃有小蜂来螫思额，寻有大蜂啮杀小者，衔首思前飞扬而去。陈主具问，不以介意。不久谋罔一人暴死，二为猘狗啮死。蜂相所征，于是验矣。敕承灵应，乃迎下都止栖玄寺。

尝往瓦官，遇雨不湿，履泥不污。僧正慧皓与诸学徒，相逢于路，曰："此神异人，如何至此！"举朝属目，道俗倾仰。大都督吴明彻，敬重之，至奉以犀枕。别将夏侯孝威，往寺礼觐，在道念言：吴仪同所奉枕者，如何可见？比至思所，将行致敬，便语威曰："欲见犀枕，可往视之。"又于一日忽有声告："洒扫庭宇，圣人寻至。"即如其语，须臾思到。威怀仰之，言于道俗。故贵贱皂素不敢延留，人船供给送别江渚。思云："寄于南岳止十年耳，年满当移，不识其旨。"

及还山舍，每年陈主三信参劳，供填众积，荣盛莫加。说法倍常，神异难测，或现形小大，或寂尔藏身，或异香奇色，祥瑞乱举。临将终时，从山顶下半山道场，大集门学，连日说法，苦切诃责，闻者寒心。告众人曰："若有十人不惜身命，常修法华[18]、般舟[19]、念佛三昧、方等忏悔，常坐苦行者，随有所须，吾自供给，必相利益，如无此人，吾当远去。"苦行事难，竟无答者。因屏众敛念，泯然命尽。小僧灵辩，见气乃绝，号吼大叫。思便开目曰："汝是恶魔！我将欲去，众圣奭然，相迎极多。论受生处，何意惊动，妨乱吾耶！痴人出去！"因更摄心谛坐。至尽，咸闻异香满于室内，顶暖身暖颜色如常。即陈太建九年六月二十二日也。取验十年宛同符矣。春秋六十有四。

自江东佛法宏重义门，至于禅法，盖蔑如也。而思慨斯南服，定慧双开，昼谈理义，夜便思择。故所发言无非致远，便验因定发慧，此旨不虚，南北禅宗罕不承绪。然而身相挺特，能自胜持，不倚不斜，牛象象视，顶有肉髻，异相庄严，见者回心不觉倾伏。又善识人心，鉴照冥伏，讷于言过，方便诲引，行大慈悲，奉菩萨戒。至如缯纩皮革，多由损生，故其徒属服章率加以布，寒则艾纳用犯风霜。

自佛法东流，几六百载，唯斯南岳慈行可归。余尝参传译，屡睹梵经讨问所被法衣，至今都无蚕服，纵加受法，不云得成。故知若乞若得，蚕绵作衣，准律结科，斩舍定矣。约情贪附，何由纵之？思所独断，高遵圣检。凡所著作，口授成章，无所删改。造《四十二字门》两卷，《无诤行门》两卷，《释论玄》《随自意》《安乐行》《次第禅要》《三智观门》等五部各一卷，并行于世。

注释

① **武津**：今河南上蔡。

② **练若**：又作阿兰若、兰若、阿练若等，意译为寂静处，原指出家人修行处所，后成为寺院之通称。

③ **清众**：指出家教团或于丛林修行大众。

④ **羯磨法**：羯磨意译为业、办事等。羯磨之内容包含法、事、人、界四种，简称羯磨四法。羯磨法即羯摩之作法。

⑤ **龙华**：又称龙华三会，指弥勒菩萨于龙华树下

成道之三会说法。

⑥ **八触**：指即得初禅定时，身中所生之八种感触：动触、痒触、轻触、重触、冷触、暖触、涩触、滑触。欲得初禅定时，四大狂发，不明此相者，聚起警惧，以为发病，驰回不已，遂乱血道，成为狂气。

⑦ **受岁**：比丘于夏季三月间安居修学，安居竟增一法腊，谓之受岁。

⑧ **法华三昧**：又作法华忏法、法华忏，即依据《法华经》及《观普贤经》而修之法，以三七日为一期，行道诵经，或行或立或坐，思惟谛观中道实相之理。

⑨ **十六特胜**：又作十六胜行，为数息观中最为殊胜之十六种观法。

⑩ **高骛**：高飞。

⑪ **前贤**：前代之圣贤哲人。

⑫ **光州**：今河南光山。

⑬ **五众**：比丘、比丘尼、式叉摩那、沙弥、沙弥尼。

⑭ **十地**：佛教修行之阶位，有三乘十地与大乘菩萨十地之分。

⑮ **十信**：菩萨五十二阶位中，最初十位应修之十种心。

⑯ **初依**：大乘诸师对四依菩萨与大乘修行阶位之配列，有多种说法，如《法华玄义》卷五上载，五品、

十信之人为初依，十住之人为二依，十行、十回向之人为三依，十地等觉之人为四依。

⑰ **密藏**：说法有二：一指秘密教法；二指属于密教之经、律、论三藏圣典。

⑱ **法华**：即法华三昧，见注⑧。

⑲ **般舟**：即般舟三昧，在一定期间（七日至九十日）内，修行三昧，得见诸佛。据《般舟赞》载，以九十日为一期，常行无休息，除用食之外，均须经行，不得休息，步步声声，念念唯在阿弥陀佛。

译文

释慧思，俗姓李，武津（今河南上蔡）人。幼年时就以心地善良闻名，乡里称颂传为美谈。曾梦见一个印度僧人劝他出家，感悟此祥瑞，遂辞亲入道。所投之寺院，不是特别僻静之处，多次梦见神僧，令他斋戒，自此之后，奉持戒律，梵行清慎。到了受具足戒之后，道志更为坚固，喜幽栖，好寂静，常坐禅修习，日唯一食，不接受其他之供养，且杜绝与外界之往来。读诵《法华》等经三十多卷，几年之内读了上千遍。所住之寺舍，曾被野人烧毁，其人遂得重疾，请求忏悔为其除罪，并答应为他重建草舍，慧思当即同意，接受其重建之草舍，又诵经如故，没有多久时间，那人的病就痊愈了。

后来，慧思又曾梦见数百个印度僧人，相貌、服饰都很奇异，对慧思说："你所受之戒律并不殊胜，怎能开发无上正道呢？现在既有此机缘巧遇清众，宜更设坛祈请师僧三十二人，加受羯磨法具足戒。"慧思醒过来后，方知此乃梦中受戒。自此之后，修习更勤，意念益坚，读经坐禅，夜以继日。经由苦行，可以彻见三生道业。

又曾梦见弥勒、弥陀为其说法开示，故建造了弥勒、弥陀二像，一起供养。又曾梦见随从弥勒及其诸眷属，同赴龙华之会，心里暗想：我于末法时代，受持《法华经》，今又值遇慈尊，遂感伤悲泣，豁然觉悟。此后，他对诸佛供养更勤，道业也更为精进。灵瑞之相一再出现，瓶中的水时常饱满，供事严谨完备，好像有天童护法。后因读《妙胜定经》，赞叹禅定之功德，遂修习定学。

当时，慧文禅师门下有数百学徒跟他参学，很受僧俗二界之推崇，慧思遂往皈依，拜他为师，跟他修习禅法。他对师父侍候周到，寒冬溽夏都不惮劳苦，自己修习又专精勤奋，昼夜摄心，理事兼融。但因机缘未到，虽经一段时间，仍未有所证，又于第二年夏天束身长坐，系念静坐。到第三个七日时，遂发少静观，见一生善恶业相，因此警嗟，倍增勇猛精进。到即得初禅时，八触（即动触、痒触、轻触、重触、冷触、暖触、涩触、滑触）发作，驰回不已。自此禅障忽起，四肢无力，不胜行走，身不随心。即自观察，我今生病，皆从业生，而业由心而起，本无外境。反观心源，业不可得，身如白云幻影，有相无体。如此观想之后，颠倒想遂灭，心性顿时清净，疾病苦痛也一并消失。又发空定，心境廓然，结夏安居，增一法腊，但并没有什么大的收获，自恨道力、慧根低下，很感惭愧。遂倚壁而坐，背还没靠近墙壁，就忽然开悟，以致法华三昧、大乘法门，一念明达；十六殊胜，背舍阴入，都自通彻。后往鉴、最等禅师处，述己所证，得到他们的赞许。

他进一步修持、研练，禅观更为专精，因而声名远播，四方学众，钦仰其德操、道业，纷纷前来问道、参学，一时间门徒甚众。他就对大、小二乘中之定慧等法，广为阐扬，收摄自他。由于学徒甚多，因而良莠混杂，遂致是非间起。一些怨嫉之徒，竟欲下毒毒死他，但都幸免于难。不少异道也企图谋害于他，也没能得逞。他对众学徒说："大圣在世，也不免为流言所伤，何况我等无德之辈，怎能逃过此难？这些灾难，乃是往世之业所致，时候一到，遂得报应，这乃是个人的小事。更大的事乃是，佛法不久当遭劫难，我等究竟当往何方，以避此难？"当时只听见空中有声音说："若欲修定，可往武当、南岳，此乃入道之山。"遂于齐武平初年，离开嵩阳，率领徒众南下，效前贤栖隐了。

起先到了光州，正好碰上南方发生战乱，前方道路堵塞，只好暂时到大苏山落足。几年之间，投奔大苏山去向他求学者是成千上万。此地适是齐、陈交界处，乃是兵家必争之地，因此，很快就发生战事，佛法因而受到很大的破坏，有些僧侣们纷纷离散，但也有一些佛门精英，轻生而重法，以所谓"朝闻道，夕死可矣"之精神，冒着生命危险，来到此地，遂使山林如市。慧思为他们提供饮食，又向他们传授禅法，并以四方之所布施，写金字《般若经》二十七卷及金字《法华经》等，并配以琉璃宝函，极是富丽庄严。其功德殊胜，使大众大发菩提之心。又宣讲这二部经典，即刻依序构思，随文造尽，无非是一些深远之理。后来又令江陵学士智𫖮代讲金经。当智𫖮讲到"一心具万行"处，智𫖮有所疑惑，慧思就为之解释道："你之所疑者，乃是《大品经》之次第意，不是《法华经》之圆顿意。我过去结夏中曾为此问题苦苦思索了很长一段时间，后来才在一天夜里突然领悟了这一点，我既然以身证实了，就不应该有所疑问。"智𫖮即向他请教《法华》行法，以三七日为一期，行道诵经，或行或立或坐，思惟谛观实相中道之理，其间的境界是很难加以记载或口述的。又问他所证是否即是十地。慧思曰："非也。我只是十信铁轮位耳。"后来验之以事，他解行高明，根识清净，修行阶位等于初依，了知秘密教法。又如仁王，发心实践十善，以慈悲为怀，远离苦海，仅据其谦逊之言，恐难窥其实际，所以其真事迹不详。

后来大苏山屡有烽警之灾，僧侣栖遑不安，遂率领四十余僧径奔南岳。其时即陈光大二年（公元五六八年）六月二十二日。一到该山，就对徒众们说："我约在此山居住十年，此后必定外出远游。"又说："我在前世曾经到过此处。"游历到衡阳后，发现一个甚好处所，林泉清澈，见者悦心，慧思又说："此乃古寺遗址，我过去曾在此处住过。"后来依他所说的进行挖掘，果然发现房殿地基以及僧人所用之器皿等。再往岩下走时，慧思又说："我曾经在此坐禅，贼人砍了我的头，因此命终，但身体却遗留在此。"大家一齐寻找，果然发现有一堆枯骨，再往下找，又发现头盖骨等。慧思遂于此地建塔，以作纪念。他所说之事，屡屡应验，事迹大体类此。

陈朝一代修习心学者，莫不皈宗慧思，他经常讲授大乘经论，神悟非凡，故门徒日盛，声誉日隆。但当时有些异道心怀嫉妒，便向陈主进谗言，曰："慧思乃北地僧人，受齐国之派遣，住于南岳。"陈主遂敕二使前往南岳。才到山腰，就有二虎咆哮，二使大惊而退。过了几天后重新进山，其时有一只小蜂来螫慧思之前额，之后又有一只大蜂飞来，把那只小蜂螫死，衔着小蜂从慧思面前飞过。陈主详尽地盘问，慧思毫不介意。后来，那两个诬陷慧思的人，一个暴死，一个被狂犬咬死。此正应了二使至山时二蜂所显示之征兆。因他屡有灵应，故后来陈主迎他住锡栖玄寺。

慧思曾经去过瓦官寺。那一天下着大雨，道路泥泞，他却遇雨不湿，履泥不沾。僧正慧皓与诸学徒在路上遇到他，看到这种情形，惊叹地说："此神人也，不然何能如此！"因之朝野瞩目，道俗钦仰。大都督吴明彻十分敬重他，赠之以犀枕。别将夏侯孝威，在前往寺院礼敬时，在路上就想：吴大都督送他犀枕，我如何才能见到此犀枕呢？到了慧思之住所后，刚要向慧思行礼致敬，慧思便对夏侯孝威说："大施主欲见犀枕，我可以带你去观看。"又有一次，夏侯孝威忽然听有声音对他说："请尽速洒扫庭院，圣人马上就要来了。"果真过了不久，慧思就到了。夏侯孝威对他极是崇敬，遇人就说。因此不管王公显贵，抑或平民百姓，对他都十分崇敬不敢长留慧思，人船供应到江边送别。慧思说："寄住南岳已十年，年满应当别去了。"

后来，慧思返回山舍，每一年陈朝皇帝都频频遣使慰劳，供养丰积，荣盛莫加。他说法非常，神异难测，常现形大小，或突然藏身，或异香奇色，祥瑞频频。临终时，从山顶上下到半山道场，大集门人，连日说法，谆谆教诲，闻者都十分感动。他告诉众人曰："若有十人不惜身命，常修法华三昧（法华忏）、般舟三昧、念佛三昧、方等忏悔，常坐苦行者，一切所需，由我供给。若无如此之人，我即远去。"因苦行之事，甚是不易，竟然无人答应。因而屏众敛念，泯然命尽。小僧灵辩，见慧思已经气绝，号啕大哭，慧思遂睁开眼睛说："你是恶魔！我将离去了，有很多圣人都迎接我。至于我后世之受生处，不须乱猜，以免妨碍、扰乱于我。痴人出去！"说完之后，又摄心静坐。至入寂时，众人皆闻异香满屋，头顶暖和，身体柔软，颜色如常。其时即陈太建九年（公元五七七年）六月二十二日。验之于以往他所说的，只在南岳住十年，正相符契。世寿六十四。

在当时，江东一带的佛教界宏重义门，对于禅法，并不太重视，也没有多少人在修习。自从慧思南渡之后，倡止观并重，定慧双修，昼谈义理，夜便观想。这一作风对后来禅宗南北二宗都产生了深刻的影响。而慧思其人身相庄严，顶有肉髻，见者无不倾伏、皈信。他又善识人心，思深鉴照，讷于言过，方便诲引，奉菩萨戒，行大慈悲。甚至于不穿皮革之类服饰，而由其门人制作粗布衲衣。天气冷了，则以艾纳御寒。

自从佛法东渐中土后，凡六百年，只有南岳慧思之慈行最是可敬可崇。我曾亲自参加传译，经常翻阅佛经，查询法衣所用之原材料，均没有以蚕丝制作法衣的。可见，慧思约束贪着，无由放纵。独断不以损生之皮革为法衣之材料，乃是高遵圣训。不放纵贪附的俗情，也不主观断事。此外，慧思凡所著作，皆口授成章，无所删改。曾撰《四十二字门》两卷，《无诤行门》两卷，《释论玄》《随自意》《安乐行》《次第禅要》《三智观门》等五部各一卷。这些都流传于世。

隋国师智者天台山国清寺释智顗

原典

释智顗，字德安，姓陈氏，颍川①人也。有晋迁都，寓居荆州之华容②焉。即梁散骑益阳公起祖之第二子也。母徐氏，梦香烟五彩萦回在怀，欲拂去之，闻人语曰："宿世因缘，寄托王道，福德自至，何以去之？"又梦吞白鼠如是再三，怪而卜之。师曰："白龙之兆也。"及诞育之夜，室内洞明，信宿③之间其光乃止，内外胥悦，盛陈鼎俎相庆，火灭汤冷，为事不成。忽有二僧扣门曰："善哉！儿德所重，必出家矣。"言讫而隐，宾客异焉。邻室忆先灵瑞，呼为王道；兼用后相，复名光道，故小立二字，参互称之。

眼有重瞳，二亲藏掩而人已知，兼以卧便合掌，坐必面西。年大已来，口不妄啖，见像便礼，逢僧必敬。七岁喜往伽蓝，诸僧讶其情志，口授《普门品》。初契一遍即得，二亲遏绝不许更诵，而情怀惆怅，奄忽自然通余文句，岂非夙植德本业延于今？

志学之年④士梁承圣，属元帝沦没，北度硖州，依乎舅氏。而俊朗通悟，仪止温恭，寻讨名师，冀依出有。年十有八，投湘州⑤果愿寺沙门法绪而出家焉。绪授以十戒道品律仪。仍摄以北度诣慧旷律师，北面横经具蒙指诲，因潜大贤山诵《法华经》及《无量义》、《普贤观》等，二旬未淹三部究竟。又诣光州大苏山慧思禅师，受业心观。思又从道于就师，就又受法于最师，此三人者，皆不测其位也。

思每叹曰："昔在灵山同听《法华》，宿缘所追今复来矣。"即示普贤道场，为说四安乐行。颛乃于此山行"法华三昧"，始经三夕，诵至《药王品》，心缘苦行，至是真精进句，解悟便发，见其思师处灵鹫山七宝净土，听佛说法。故思云："非尔弗感，非我莫识。此'法华三昧'前方便也。"又入熙州白沙山，如前入观，于经有疑，辄见思来冥为披释。尔后常令代讲，闻者伏之。唯于三三昧⑥三观智，用以谘审，自余并任裁解，曾不留意。思躬执如意，在座观听，语学徒曰："此吾之义儿，恨其定力少耳。"于是，师资改观，名闻遐迩。及学成往辞，思曰："汝于陈国有缘，往必利益。"

思既游南岳，颛便诣金陵，与法喜等三十余人在瓦官寺，创宏禅法。仆射徐陵、尚书毛喜等，明时贵望学统释儒，并禀禅慧俱传香法，欣重顶戴时所荣仰。长干寺大德智辩，延入宗熙；天宫寺僧晃，请居佛窟；斯由道宏行感，故为时彦齐迎。颛任机便动，即而开悟。白马警韶、奉诚智文、禅众慧令，及梁代宿德大忍法师等，一代高流江表声望，皆舍其先讲欲启禅门，率其学徒问津取济。禹穴慧荣住庄严寺，道跨吴会，世称义虎，辩号悬流，闻颛讲法，故来设问，数关征核，莫非深隐，轻诞自矜，扬眉舞扇，扇便堕地。颛应对事理，涣然清显，谴荣曰："禅定之力不可难也。"时沙门法岁抚荣背曰："从来义龙，今成伏鹿，扇既堕地，何以遮羞？"荣曰："轻敌失势，犹未可欺也。"绵历八周讲《智度论》，肃诸来学，次说禅门用清心海。

语默之际，每思林泽，乃梦岩崖万重，云日半垂，其侧沧海无畔，泓澄在于其下，又见一僧摇手伸臂，至于岐麓挽颛上山云云。颛以梦中所见，通告门人，咸曰："此乃会稽之天台山也，圣贤之所托矣。昔僧光、道猷、法兰、昙密，晋宋英达无不栖焉。"因与慧辩等二十余人，挟道南征，隐沦斯岳。先有青州僧定光，久居此山，积四十载，定慧兼习，盖神人也。

颛未至二年，预告山民曰："有大善知识当来相就，宜种豆造酱、编蒲为席，更起屋舍用以待之。"会陈始兴王出镇洞庭，公卿饯送，回车瓦官，与颛谈论，幽极既唱，贵位倾心，舍散山积，虔拜殷重，因叹曰："吾昨梦逢强盗，今乃表诸软贼，毛绳截骨，则忆曳尾泥中。"仍遣谢门人曰："吾闻暗射则应于弦，何以知之？无明是暗也，唇舌是弓也。心虑如弦，音声如箭，长夜虚发无所觉知。又法门如镜，方圆任像。初瓦官寺四十人坐，半入法门；今者二百坐禅，十人得法。尔后归宗转倍，而据法无几，斯何故耶？亦可知矣。吾自化行道，可各随所安，吾欲从吾志也。"即往天台。既达彼山与光相见，即陈赏要。光曰："大善知识，忆吾早年山上摇手相唤不乎？"颛惊异焉，知通梦之有在也。时以陈太建七年秋九月矣。又闻钟声满谷，众咸怪异，光曰："钟是召集有缘，尔得住也。"

颙乃卜居胜地，是光所住之北，佛垄山南，螺溪之源，处既闲敞，易得寻真，地平泉清，徘徊止宿。俄见三人皂帻绛衣，执疏请云："可于此行道。"于是聿创草庵，树以松果，数年之间造展相从，复成衢会。光曰："且随宜安堵，至国清时，三方总一，当有贵人为禅师立寺，堂宇满山矣。"时莫测其言也。颙后于寺北华顶峰独静头陀，大风拔木，雷霆震吼，魑魅千群，一形百状，吐火声叫，骇畏难陈，乃抑心安忍，湛然自失。又患身心烦痛，如被火烧。又见亡没二亲枕头膝上，陈苦求哀。颙又依止法忍，不动如山，故使强软两缘所感便灭。忽致西域神僧，告曰："制敌胜怨乃可为勇。"文多不载。陈宣帝下诏曰："禅师佛法雄杰，时匠所宗，训兼道俗，国之望也。宜割始丰县，调以充众费，蠲两户民用供薪水。"

天台山县名为乐安，令陈郡袁子雄，崇信正法，每夏常讲《净名》。忽见三道宝阶从空而降，有数十梵僧乘阶而下，入堂礼拜，手擎香炉绕颙三匝，久之乃灭。雄及大众同见，惊叹山喧，其行达灵感皆如此也。

永阳王伯智，出抚吴兴，与其眷属就山请戒，又建七七夜"方等忏法"。王昼则理治，夜便习观。……

陈帝意欲面礼，将伸谒敬，顾问群臣："释门谁为名胜？"陈喧奏曰："瓦官禅师德迈风霜，禅镜渊海。昔在京邑群贤所宗，今高步天台，法云东蔼，愿陛下诏之还都，使道俗咸荷。"因降玺书重沓征入。颙以重法之务，不贱其身，乃辞之。后为永阳苦谏，因又降敕，前后七使，并帝手疏，颙以道通惟人王为法寄，遂出都焉，迎入太极殿之东堂，请讲《智论》。有诏羊车童子引导于前，主书舍人翊从登阶，礼法一如国师瓘阇梨故事。

陈主既降法筵，百僚尽敬，希闻未闻，奉法承道。因即下敕，立禅众于灵耀寺。学徒又结，望众森然，频降敕于太极殿讲《仁王经》。天子亲临，僧正慧暅、僧都慧旷，京师大德，皆设巨难，颙接问承对，盛启法门。……

晚出住光耀，禅慧双宏，动郭奔随倾音清耳。陈主于广德殿下敕谢云："今以佛法仰委，亦愿示诸不逮。"于时检括僧尼，无贯者万计。朝议云："策经落第者，并合休道。"颙表谏曰："调达诵六万象经，不免地狱；槃特诵一行偈，获罗汉果，笃论道也，岂关多诵！"陈主大悦，即停搜拣，是则万人出家，由颙一谏矣。末为灵耀褊隘，更求闲静，忽梦一人，翼从严正，自称名云："余冠达也，请住三桥。"颙曰："冠达梁武法名，三桥岂非光宅耶？"乃移居之。其年四月陈主幸寺修行大施。又讲《仁王》，帝于众中起拜殷勤，储后已下并崇戒范。……

及金陵败覆，策杖荆湘，路次益城，梦老僧曰："陶侃瑞像敬屈护持。"于即往憩匡山，见远图缋，验其灵也，宛如其梦。不久浔阳反叛寺宇焚烧，独在兹山全无侵扰，信护像之力矣。末划迹云峰，终焉其致。

会大业在藩，任总淮海，承风佩德，钦注相仍，欲遵一戒法奉以为师，乃致书累请。颙初陈寡德，次让名僧，后举同学，三辞不免，乃求四愿，其词曰："一、虽好学禅，行不称法，年既西夕，远守绳床，抚臆循心，假名而已。吹嘘在彼，恶闻过实，愿勿以禅法见期。二、生在边表，频经离乱，身暗庠序，口拙喧凉。方外虚玄，久非其分，域间撙节，无一可取，虽欲自慎，朴直忤人，愿不责其规矩。三、微欲传灯，以报法恩。若身当戒范，应重去就，去就若重，传灯则阙，去就若轻，则来嫌诮，避嫌安身，未若通法而命，愿许其为法，勿嫌轻动。四、十余年水石之间，因以成性。今王途既一，佛法再兴，谬课庸虚，沐此恩化，内竭朽力，仰酬外护。若丘壑念起，愿随心饮啄以卒残年，许此四心乃赴优旨。"晋王方希净戒，妙愿唯谐，故躬制请戒文。……告曰："大王为度远济为宗，名实相符义非轻约，今可法名为总持也，用摄相兼之道也。"王顶受其旨教曰："大师禅慧内融，道之法泽，辄奉名为智者。"自是专师率诱日进幽玄，所获施物六十余事，一时回施悲敬两田，愿使福德增繁用昌家国，便欲返故林。王乃固请，颛曰："先有明约，事无两违。"即拂衣而起，王不敢重邀，合掌寻送至于城门，顾曰："国镇不轻，道务致隔，幸观佛化宏护在怀。"王礼望目极衔泣而返。便溯流上江，重寻匡岭，结徒行道频感休征，百越边僧闻风至者，累迹相造。

又上渚宫乡壤，以答生地恩也。道俗延颈，老幼相携，戒场讲坐，众将及万，遂于当阳县玉泉山立精舍，敕给寺额，名为"一音"。其地昔唯荒崄，神兽蛇暴，创寺之后快无忧患。是春亢旱，百姓咸谓神怒。颛到泉源帅众转经，便感云兴雨注，虚谣自灭。总管宜阳公王积，到山礼拜战汗不安，出曰："积屡经军阵，临危更勇，未尝怖惧，顿如今日。"……

乃从之重现，令著《净名疏》。河东柳顾言、东海徐仪，并才华胄绩，应奉文义，缄封宝藏，王躬受持。后萧妃疾苦，医治无术，王遣开府柳顾言等，致书请命愿救所疾。颛又率侣建斋七日，行金光明忏，至第六夕，忽降异鸟，飞入斋坛，宛转而死，须臾飞去，又闻豕吟之声，众并同瞩。颛曰："此相现者，妃当愈矣。"鸟死复苏，表盖棺还起；豕幽鸣显，示斋福相乘。至于翌日，患果遂瘳，王大嘉庆，时遇入朝。

旋归台岳，躬率禅门，更行前忏，仍立誓云："若于三宝有益者，当限此余年；若其徒生，愿速从化。"不久告众曰："吾当卒此地矣。所以每欲归山，今奉冥告，势当将尽，死后安措西南峰上，累石周尸，植松覆坎，仍立白塔，使见者发心。"又云："商客寄金，医去留药，吾虽不敏，狂子可悲。"仍口授《观心论》，随略疏成，不加点润。命学士智越，往石城寺扫洒，吾于彼佛前命终，施床东壁，面向西方，称阿弥陀佛、波若观音。又遣多然香火，索三衣⑦钵杖，以近身自余道具，分为二分：一奉弥勒，一拟羯磨。有欲进药者，答曰："药能遣病，留残年乎？病不与身合，药何所遣；年不与心合，药何所留。"……又请进斋饮，答曰："非但步影而为斋也，能无观无缘即真斋矣。吾生劳毒器死悦休归，世相如是不足多叹。"又出所制《净名疏》，并犀角如意、莲华香炉。与晋王别，遣书七纸，文极该综，词彩风标，嘱以大法。末乃手注疏曰："如意香炉是大王者，还用仰别，使永布德香，长保如意也。"便令唱《法华经》题。颐赞引曰："法门父母，慧解由生，本迹宏大，微妙难测，辍斤绝弦于今日矣。"又听《无量寿》竟，仍赞曰："四十八愿庄严净土，华池宝树易往无人。"云云。又索香汤漱口，说十如⑧、四不生⑨、十法界⑩、三观⑪、四教⑫、四无量⑬、六度⑭等。有问其位者，答曰："汝等懒种善根，问他功德，如盲问乳，蹶者访路云云。吾不领众必净六根，为他损己，只是五品内位耳。吾诸师友，从观音、势至皆来迎我，波罗提木叉⑮是汝宗仰，四种三昧是汝明导。"又敕维那："人命将终，闻钟磬声增其正念，唯长唯久气尽为期。云何身冷方复响磬？世间哭泣着服，皆不应作，且各默然，吾将去矣。"言已端坐如定，而卒于天台山大石像前，春秋六十有七，即开皇十七年十一月二十四日也。灭后依于遗教而殓焉。

……颛东西重范化通万里，所造大寺三十五所，手度僧众四千余人，写一切经一十五藏，金檀画像十万许区，五十余州道俗受菩萨戒者，不可称纪，传业学士三十二人，习禅学士散流江汉，莫限其数。沙门灌顶侍奉多年，历其景行可二十余纸。

注释

① **颍川**：今河南许昌。

② **华容**：今湖南华容县。

③ **信宿**：连续二夜。

④ **志学之年**：即十五岁。因《论语》中孔子曰："吾十有五而志于学"而得称。

⑤ **湘州**：相当于今湖南及广东北部、广西东北部。

⑥ **三三昧**：又称三三摩地、三定等，指三种禅定。

⑦ **三衣**：印度僧团准许个人拥有的三种衣服：僧伽梨，即大衣，又称九条衣；郁多罗僧，即上衣，又称七条衣；安陀会，即中衣，又称五条衣。

⑧ **十如**：即十如是。指探究诸法实相应把握之相、性、体、力、作、因、缘、果、报、本来究竟等十种如是。

⑨ **四不生**：乃龙树于《中观论》中所立四种不生之句，以彰显"诸法无生"之义。一般见解多谓一切诸法之生，不外于自生、他生、共生与无因生四种，龙树乃立四句以破斥之。即（一）不自生，谓一切万法不以自己为因而生成；（二）不他生，谓一切万法不以他因而生成；（三）不共生，谓一切万法不以自他为共因而生成；（四）不无因生，谓一切万法不以无因而生成。

⑩ **十法界**：即十界。指迷与悟之世界可分为十种类，即地狱界、饿鬼界、畜生界、修罗界、人间界、天上界、声闻界、缘觉界、菩萨界、佛界等。前六界为凡夫迷界，即六道轮回之世界；后四界乃圣者之悟界。此即六凡四圣。

⑪ **三观**：指三种观法。天台智者大师所立之天台三观，为天台重要法门，为教义与实践之骨架。系对于一切存在作三种观法，即空观、假观、中观，称空假中三观。

⑫ **四教**：系就诸经之内容、形式等，而将佛陀一代之教说判释为四类。据隋代天台宗智颛大师所立分为化法四教（佛陀教法大别为藏、通、别、圆等四教）、化仪四教（佛陀教导方式有顿、渐、秘密、不定等四教）。

⑬ **四无量**：佛菩萨为普度众生，令离苦得乐所应具有的四种精神。慈无量、悲无量、喜无量、舍无量。

⑭ **六度**：又作六波罗蜜，为诸部般若经之说。指大乘菩萨所必须实践之六种修行，即布施、持戒、忍辱、精进、禅定、般若。

⑮ **波罗提木叉**：又作波罗底提尼舍、钵喇底提舍那等，指七众防止身、口七支等过，远离诸烦恼惑业而得解脱所受持之戒律。

译文

释智颛，字德安，俗姓陈，祖籍颍川（今河南许昌），晋代移居荆州华容（今湖南华容县），是梁散骑将军益阳公起祖之第二子。其母徐氏，曾梦见香烟五彩缭绕在怀，欲拂去之，只听见有人说："此乃宿世因缘，寄托王道，福德自至，怎么要把它拂走呢？"又连续三次梦见自己吞食白鼠，她颇感奇怪，遂去占卜。占卜师告诉她："此乃白龙之兆也。"等到她临产智颛那一天夜晚，满室通明，一直到第二天夜里，其光乃息。全家大喜，杀猪宰鸡，以表庆贺。不料火烧不着，汤烧不热，宰牲庆贺之事很不顺利。忽然有两个僧人前来叩门，一见他家人就说："善哉！善哉！此乃小儿德重所致，日后必定出家为僧。"说完之后就隐身而去，家人及众宾客都十分诧异。由于智𫖮出生时有各种异瑞，故邻里都称之为"王道"以及兼用后来的瑞相又称为"光道"。

智𫖮眼有重瞳（据载，中国古代的许多圣人都眼有重瞳），父母亲怕此异相招来是非，故刻意掩饰，但终为外人知道了。他从小时起就卧则合掌，坐必面朝西。稍大之后，从不乱吃食物，每见佛像必定礼拜，每一遇到僧人，都十分恭敬。七岁时喜爱到寺院里去，一些僧人见他情趣、爱好非同一般，都很惊讶其情志，遂教他念诵《普门品》，没料到他只读了一遍就会背诵了，父母亲怕他离俗出家，就不让他再念诵了。自此之后，他甚感惆怅。后来，他又自通佛教文句，若不是宿植德本，何能至此？

十五岁时，正值梁末动乱，他北至硖州，寄居于舅舅家。他悟性日增，仪容举止温良恭谨，遂寻访名师，很想脱离尘俗。十八岁时，果然投湘州果愿寺沙门法绪出家。法绪授予十戒道品律仪。后来，他又往北参访慧旷律师，得到慧旷律师的许多指点。之后，又隐居于大贤山读诵《法华经》《无量义》及《普贤观》等，不至二旬时间，三部经典已经读得精熟。又往光州大苏山参访慧思禅师，从他学心观。慧思曾受道于就法师，就法师则曾受业于最法师，这三位禅师，都不知智颢未来竟成为佛门一代大师。

慧思经常慨叹道："过去在灵山同听《法华经》，宿缘所致，现又重聚矣。"即示普贤道场，为他说四安乐行。智颢乃于此山修行"法华三昧"，才修了三个晚上，当他读诵至《药王品》之"心缘苦行，是真精进"句时，便豁然开悟，见其师慧思在灵鹫山之七宝净土上，听佛说法。后来，慧思对他说："不是你就不会感应，不是我也不会印证，你所进入的禅定正是法华三昧前之方便。"智颢后来又到熙州白沙山，像以前那样进入禅观，于经有疑难处，立即见其师慧思前来为他披释。后来，慧思常令智颢代他讲说，听他讲解的人都十分叹服他的睿智和辩才。智颢在讲解经论过程中，除了于三定三观不甚精通，需要向慧思请教外，其余的慧思都任其阐释、发挥。有一次，慧思手执如意，在座中听智颢讲解，就对众学徒说："这智颢于义理方面确实造诣颇深，所遗憾的是其定力不足。"后来，智颢又下决心向其师学习禅观，并大有长进，名闻遐迩。待到学成之后，欲辞别师父另往他处时，慧思对他说："你与陈国大有机缘，到那里之后必获大利益。"

慧思到南岳后，智颛便前往金陵。他与法喜等三十多人在瓦官寺弘扬禅法。仆射徐陵、尚书毛喜等，都是一些学统儒释达官显贵，对智颛都十分崇敬，经常去听智颛讲经，向他学习禅法。受到慧思弘道所感，当时江南的一些名僧大德，如长千寺的智辩，延入宗熙；天宫寺的僧晃请居佛窟。智颛随机即动，立即开悟。白马寺的警韶，乃至梁代宿德大忍法师等，也都很钦敬智颛，或改换门庭，或率领徒众，前去向智颛问道参禅。当时有一位法号叫慧荣的法师，住在庄严寺，在吴越一带很有影响，口若悬河，世称义虎。他听说智颛在那一带说法，就前去听讲，并于会中提问诘难。两人经过几番论难，所论问题确实都比较深奥，一时间慧荣便得意非常，扬眉舞扇，不意之中，扇子落地。智颛就趁机对慧荣说："禅定之力，是不可问难的。"其时沙门法岁就拍着慧荣之肩说："从来之义龙，今却成伏鹿。扇子既已落地，又用什么以遮羞呢？"慧荣答道："虽然这一次我因轻敌失态，但仍不可小视。"智颛在那一段时间连续讲了八周《大智度论》，四方学士，纷纷前来聆听。后来他又阐扬禅法，以清心田。

智颛在日常言谈之中，常透露出向往山林之意。遂梦见一座山，山峦叠嶂，云雾缭绕，其侧沧海无垠。又见一个僧人摇手伸臂，来到山下，挽着智𫗱之手臂，引他上山。智𫗱就把自己所梦告诉门人，门人都说："此乃是会稽之天台山也，曾经住过许多圣贤，过去之僧光、道猷、法兰、昙密乃至晋、宋许多名僧大德，都曾在此地居住过。"因此就率领慧辩等二十余人，往南来到天台山。在此之前，青州之僧人定光曾住于此山，先后住了四十多年，定慧兼习，乃一代神人也。

智𫗱未到天台前二年，定光法师曾经预告山民说："将来有大善知识会来此地，大家应该种豆造酱、编蒲为席，建造房舍，迎接该圣贤的到来。"其时陈朝始兴王出镇洞庭，满朝公卿都前去为他饯行。始兴王走出没多远，又驾车回来与智𫗱交谈。智𫗱的一番鞭辟入里的议论，使他叹为观止，对智𫗱不禁肃然起敬，感叹地说："我昨日夜里梦见遇到强盗，不意今日却碰到精神上的大师，其话铭心刻骨，我等难望其项背也。"后来，智𫗱遣散门人，并对他们说："我曾听说暗射则应于弦。为什么这么说呢？如无明是暗，唇舌是弓，心虑如弦，声音如箭，在黑夜中乱放箭，箭射向哪里一无所知。又如法门是镜，方圆随像，当初刚开始时，瓦官寺只有四十余人，有一半的人入门得道；现在瓦官寺有二百多人坐禅，只有十人得法。为什么越是往后，前来瓦官寺学佛的人虽然增多了，但得法者反而少了呢？此中之道理请大家深思。现在我准备按照原来之计划，自化行道，请诸位各随所安。"说后即往天台。到了天台之后，便与定光法师相会。定光法师就对智𫖮说："大善知识，你可曾记得以前我曾在山上向你招手？"智𫖮一听，十分惊异，方知以前所梦原是定光所托。其时正是陈太建七年（公元五七五年）九月。随后又听到钟鼓满山谷，众人都感到奇异，定光说："此钟声乃是召集有缘者的，你可居住于此地也。"

智𫖮选择了一个地方，在定光所住之北面，佛垄山之南面，乃螺溪之源头处，地平泉清，智𫖮就在此处止住。不久遇到三位身穿红衣头戴黑帽的人，手拿着文疏对智𫖮说："你可在此地行道弘法。"于是智𫖮就在那个地方建庵植树，数年之间，已初具规模。定光又对智𫖮说："现在你可随宜安住，等到国家清平、天下统一时，当有贵人为你建立寺院，届时将会殿宇满山。"当时人们还不太理解定光所说的这番话。后来，智𫖮独自在寺北华顶峰上修头陀行，突然狂风大作，雷霆震吼，魑魅千群，形态各异，各各吐火怪叫，极是恐怖吓人，难以陈述。智𫖮不为之所动，照旧修禅不止，过了一阵，这些现象就一一消失了。突然之间，又出现身心烦痛，如被火烧，并看见已经亡故之双亲把头枕在自己的膝上，苦苦哀号。智𫖮知道这些都是幻象，便依旧修持，不动如山。没有多长时间，这些现象也消失了。再后来，突然出现一个西域僧人，对智顗说："能在各种情况下制敌胜怨，方才是勇。"原文甚多，不具载。至陈宣帝时，曾下诏道："智顗禅师乃佛法雄杰，受当时众人推崇，僧俗都受大教益，是国家的名望。宜割始丰县之税赋，用作其寺之日常费用，并选两户居民，到该寺当杂役。"

天台山之县名为安乐，县令乃陈郡之袁子雄，崇信佛法，每年夏天智顗常讲《维摩诘经》，他都前去聆听。有一次忽然见三道宝阶从天而降，有数十印度僧人乘阶而下，入堂礼拜，手擎香炉，绕顗三匝，许久时间才消逝。袁子雄及听法之徒众都亲眼所见，大家都赞叹不已，叹为稀有。

永阳之王伯智，出抚吴兴时，曾带着眷属入山请戒，又建四十九夜"方等忏法"。王伯智昼则料理正事，夜间便修习禅观。……

有一次，陈朝的皇帝意欲礼佛，就问朝中群臣："今天下释门，哪位最为殊胜？"陈喧奏道："瓦官寺禅师道行最深，德操最纯，乃当今禅门最有影响之大德。他过去在京城时，为群贤所崇敬，今高步天台，法云东蔼，望陛下把他召回京城，使道俗受益。"陈主遂降旨征召智顗。智顗以眼下法务缠身，难以离开为由，婉言谢绝。后来，由于永阳王伯智一再奏请，又下敕征召他，前后派去七个使者，并带去了皇帝的手谕，因为智颛认为世间帝王，乃佛法之所寄托，遂应召到京城，常被迎入太极殿之东堂宣讲佛法。皇帝又下诏，令羊车童子在前头引路，主书舍人在两旁恭迎他登阶，礼敬一如昔日之国师璀阇梨。

陈主为他大开讲席，朝中文武百官都前去听他说法，渴望听闻未曾听过的佛法，奉行佛道。陈主因此立即下敕，立禅众于灵耀寺。没过多久时间，聚集了许多学徒，陈主又频频降敕请他至太极殿讲《仁王经》。陈主亲自莅临法席，僧正慧暅、僧都慧旷及京城许多名僧大德，都在法席陈设巨难，智颛承对接问，大阐法门。……

后来，智颛住锡于光耀寺，止观并重，禅慧双弘。在智颛的影响、推动下，那一段时间，佛教得到很大的发展，学佛的人日多，陈朝皇帝担心有人趁机混迹其间，遂下敕检核僧尼。朝臣上奏道："凡策经落第者，都不适宜修道。"智颛遂上书奏道："调达（即提婆达多）能背诵六万头大象所驮负之经典，仍不免堕于地狱；周利槃陀伽只会背诵一行偈语，却证得阿罗汉果。佛法在于笃诚修行，岂在于背诵经文！"陈主看到智颛奏疏之后，很赞赏他的说法，遂下令停止搜检僧尼。真是万人出家，只因智颛一谏。后来智颛觉灵耀寺过于偏窄，想另找一更为清净之处所，忽然梦见一个人，自报姓氏曰："我叫冠达，请大德到三桥去止住。"智顗道："冠达梁武之法号，三桥岂不就是光宅吗？"遂移至光宅。那一年四月，陈主往该寺礼佛并看望智顗，布施了大量的财物，智顗又开席讲《仁王经》，陈主即于众中殷勤礼拜，皇后、王储等也频频致敬。……

陈代末年，时局动荡，兵荒马乱，过了不久，陈朝就倾覆了。智顗就到荆（湖北）、湘（湖南）一带游化弘法。路过益城时，梦见一个老僧对他说："过去陶侃守护之瑞像现在庐山，请你能到那里去继续护持。"于是他就依那老僧之言到了庐山，看到了图像，宛如梦中所说，证明老僧之语不虚。过了不久，九江一带又发生兵乱，许多的寺院都被烧毁了，独独庐山之寺院完好无损，此乃护像之功德所致也。

隋文帝开皇年间，杨广在扬州为晋王。他十分崇仰智顗之道行、德操，欲从他受戒，拜他为师，遂频频致书遣使礼请。智顗一开始时谦称自己德寡，不堪胜任，其后又让杨广更请其他名僧大德，最后又推自己的同学。三次婉辞，都推辞不掉，遂请许其四愿，才同意前往。其四愿曰："第一，贫僧平生虽爱好禅，但于禅法并没什么高深的造诣；加之，现已年事在高，只能远守绳床以自修，外界对贫僧的各种赞誉，多是言过其实。

因此，请望不要以禅法相期。第二，贫僧生在边隅，屡经离乱，没有受过好教育，自从出家以来，已很久不参与世间事务，朴直的个性与世相忤，希望勿以世俗之应酬相求。第三，传灯授戒，以报佛恩，贫僧义不容辞。但授戒传灯，事关重大，要求过严，佛法难以广被，要求太松，则容易遭外界讥议。授戒之事，不如通法而命，愿许其为法，勿嫌轻动。第四，十余年来，贫僧一直修习、游化于林野、山泽之中，因以成性。现在国家统一，佛法兴隆，沐此皇恩，自当前往。但日后一旦萌发回归山林之念头，请能随时放老僧回归林野。若能答应这四愿，贫僧才敢前往。"杨广热切希求净戒，故很快答应了智𫖮的四个条件，并躬制"请戒文"。……智𫖮遂前往扬都为杨广授菩萨戒，并告曰："大王以度远济为宗旨，可谓名符其实，今为大王取法名为'总持'，以摄持名相及修持。"晋王顶礼接受旨教说："大师道行高深，禅慧内融，尊称为'智者'。"彼此之后，智𫖮遂有"智者大师"之称号。后来，智𫖮想返回山林，晋王杨广再三挽留，智𫖮就说："我们有明约在先，岂能失约！"随即拂衣而起，晋王不敢强留，合掌送他至城门外。智𫖮回过头来对杨广说："治国责任重大，必然影响道务，希望你日后能以弘扬佛法为念。"晋王满口应承，含泪目送智𫖮远去之后才返回王府。智𫖮离开扬都之后，从长江乘船到了庐山，又结徒弘法。南方一带的僧侣，纷纷到庐山来向他问道参学，一时间又聚集了许多学徒。

隋开皇十三年（公元五九三年），智𫖮回到故乡，僧俗二界、各方人士纷纷前来参谒、礼敬，一时间，从他受戒及听他讲法者，成千上万。他遂于当阳县玉泉山建立精舍，当朝皇帝亲赐寺匾，命名"一音寺"。这一带过去都是荒山草丛，蛇蝎肆虐，自从创立寺院之后，一改昔日荒凉景象，百姓称快。那一年春天，遇上百年不遇之大旱，当地百姓又都说建立寺院，触了山神，故遭此灾。智𫖮就率领门人到泉水之源头处诵经祈雨，不久便感得云起风涌，大雨如注，那些谣言便不攻自破。当地之总管宜阳公王积，亲自到山寺向智𫖮礼拜致谢。一路上，他颤栗不安，虚汗湿衫。出山之后，他说："我王积屡经沙场，临危不惧，从来未像今日如此惶恐过。"……

智𫖮在玉泉住了两年，开皇十五年（公元五九五年）晋王杨广又遣书催智𫖮回去扬都。智𫖮接受了杨广的邀请，到金陵讲经弘法，并撰著《维摩诘经疏》。当时河东柳顾言、东海徐仪等，都是才华出众之辈，曾协助智𫖮印证文义，晋王则亲自受持。晋王有一爱妃萧氏，身患重疾，百般疗治，均无效果，晋王遂令柳顾言等人，致书智颉，请他前来为萧妃加持。智颉遂率领众人为萧妃建七日斋坛，举行金光明忏。到第六日晚上，忽然有一只异鸟飞入斋坛，宛转飞翔，死而复活；又听到一阵猪叫的声音，大家看到这些现象都感到很奇怪。智颉说："从这些征兆看，萧妃之病当无大碍，不久即会痊愈。"鸟死而复活，表示盖棺又起；不见猪形但闻猪声，表示斋福相济。到了第二天，萧妃果然病情好转，不久就痊愈了。晋王入早朝时，得知萧妃病愈大喜，并隆重庆贺了一番。

后来，智颉又回到天台山，曾几次行忏，在佛前立誓曰："若贫僧对于三宝的弘传还有所用处，我愿在此有生之年，努力为之；如果无益于三宝，我愿速速入灭。"过了不久，又对徒众说："我当卒于此地，所以常常想念着回来。最近我已预感到大限将至，我入灭之后，请把我葬于西南之山峰上，在周围累石种松，并建立白塔，使见者发心。"又说："商贾虽然四处经商，但忘不了给家里寄钱；医生医治了许多病人，但自己最后也得撒手西归，人虽走了，但忘不了给后人留下药方。我虽不敏，难道可以一无所益于后人吗？"遂振作精神，为大众口授《观心论》，随口略加注疏即成，不需刻意润饰。并令学士智越前往石城寺扫洒，并说："我将于彼佛前命终，请把床靠东壁，面向西方。"称阿弥陀佛及般若观音圣号。又令人多燃香火,之后索来衣钵、道具,把它分为两份,一份供奉弥勒,一份充作羯磨,然后他面向西方,称念阿弥陀佛和观世音名号。有侍者欲劝他吃药,他说:"药能治病延年吗?病本不与身合,药何能治病!年本不与心合,药何能延年!"……又有侍者劝他进斋饮,他说:"非但步影而为斋,能无观无缘是真斋矣。我视人生之形体如皮囊,视死如归家,世上的事本来都是迁灭不住的,又何足叹呢!"随后又出示以前所制之《维摩诘经疏》,以及犀角如意、莲花香炉等,并遗书七纸,与晋王辞别,其文该综,极富文采,嘱以大法。末尾乃手注疏曰:"如意香炉本是大王的,现奉还原主,望永布德香,长保如意。"又令唱《法华经》题,他赞引道:"法门父母,由慧解生,本迹宏大,微妙难测,辍斤绝弦于今日矣。"在听完《无量寿经》之后,又赞语曰:"四十八愿,愿愿庄严净土,华池宝树,处处易往无人!"等等。更索香汤漱口,说十如、四不生、十法界、三观、四教、四无量心、六度等。有弟子问其所证果位,他回答道:"你们这些懒于种善根的人,却要问他人的功德果位,这有如盲人问牛乳的颜色,瘸子问路一样。我若不领众修行,必定能六根清净,因为领众修行,为了利他而有损自己,故只证得五品内位而已。现在,我以前的诸师友,皆跟从观世音、大势至菩萨前来迎接我了。诸位，波罗提木叉（即戒）是你们的依归，四种三昧（即常坐三昧、常行三昧、半行半坐三昧、非行非坐三昧）是你们的明导。"又对维那说："人临终时，闻着钟声、磬声可以增长其正令，此钟声、磬声应当既长且久，直至其气绝为止，不要等到躯体冷却后再响磬声。我死之后，勿须哭泣和穿着丧服等，你们各自默然，我将去矣。"说完之后结跏趺坐，如入三昧，卒于天台山大石像前，世寿六十七，即隋开皇十七年（公元五九七年）十一月二十四日。他入灭之后，门人依他之遗嘱料理了他的后事。

……智𫖮一生弘法不止，化通海内，所造大寺三十五所，剃度僧众四千余人，著述宏富，写一切经十五藏，金檀画像十万余，从他受菩萨戒者不计其数，传业弟子三十二人，从他习禅者，成千上万，遍满大江南北。沙门灌顶侍奉他多年，整理其言谈、行状达二十多纸，其不少著述也是灌顶帮他整理出来的。[现存之标为智𫖮所撰的著作主要有"天台三大部"（即《法华玄义》《法华文句》《摩诃止观》）及《观音玄义》《观音义疏》等。]

唐天台山国清寺释灌顶

原典

　　释灌顶，字法云，俗姓吴，常州义兴[1]人也。祖世避地东瓯[2]，因而不返，今为临海之章安[3]焉。父夭早亡，母亲鞠养。生甫二月，孩[4]而欲名，思审物类[5]，未知所目[6]。母夜称佛法僧名，顶仍口敩，音句清辩，同共惊异。因告摄静寺慧拯法师，闻而叹曰："此子非凡。"即以非凡为字。即年七岁还为拯公弟子。日进文词，玄儒并骛，清藻才绮，即誉当时。年登二十，进具[7]奉仪，德瓶[8]油钵弥所留思。洎拯师厌世，沐道天台，承习定纲，罔有亏绪。

　　陈至德元年，从智颛禅主出居光宅，研绎观门，频蒙印可。逮陈氏失驭，随师上江，胜地名山，尽皆游憩，三宫庐阜，九向衡峰，无不蹑迹依迎，访问遗逸。后届荆部停玉泉寺，传法转化教敷西楚。开皇十一年，晋王作镇扬州，陪从智者戾止邗沟[9]，居禅众寺，为法上将，日讨幽求。俄随智者，东旋止于台岳。晚出称心精舍开讲《法华》，跨朗笼基超于云印，方集奔随负箧屯涌。有吉藏法师，兴皇入室，嘉祥结肆独擅浙东，闻心道胜，意之未许，求借义记，寻阅浅深，乃知体解心醉，有所从矣。因废讲散众，投足天台，餐禀《法华》，发誓宏演。

至十七年，智者现疾，瞻侍晓夕艰劬尽心。爰及灭度亲承遗旨，乃奉留书并诸信物，哀泣跪授。晋王乃五体投地，悲泪顶受，事遵宾礼⑩，情敦法亲。寻遣扬州总管府司马王弘，送顶还山，为智者设千僧斋，置国清寺，即昔有晋昙光、道猷之故迹也。前峰佛陇寺号修禅。在陈之日，智者初达，陇南十里，地曰丹邱，经行平正，瞻望显博。智者标基刊木，欲建道场，未果心期，故遗嘱斯在。王人入谷，即事修营，置臬引绳，一依旧旨。

仁寿元年，晋王入嗣，来巡本国，万里川途，人野⑪毕庆。顶以檀越升位，寺宇初成，出山参贺，遂蒙引见，慰问重叠，酬对如响，言无失厝，臣主荣叹。又遣员外散骑侍郎张乾威送还山寺，施物三千段，毡三百领。又设千僧斋⑫，寺庙台殿更加修缉。故丹青之饰乱发朝霞，松竹之岭奄同画锦，斯实海西之壮观也。远符智者之言，具如彼传。

仁寿二年，下令延请云："夏序炎赫，道体休宜，禅悦资神，故多佳致。近令慧日道场庄、论二师讲《净名经》，全用智者义疏判释经文，禅师既是大师高足，法门委寄，今遣延屈，必希翛然，并《法华经疏》，随使入京也。伫迟来仪，书不尽意。"顶持衣负锡，高步入京，至夏阐宏，副君欣载，每至深契，无不申请。并随问接对，周统云籍，后遣信送还，贶遗隆倍。(《国清百录》云：大业元年，敕江阳名僧云："昔为智者创寺，因山为称，号曰天台。今须立名，经论之内，有何胜目，可各述所怀，朕自详择。"僧智操奏："天台大师悬记云：'寺若成，国则明。'"敕云："此是我师之灵瑞，合扁云国清。"敕取大牙殿榜，填以雌黄，书以大篆，遣内史通事舍人卢政方送安寺门。又为寺造四周土墙，及给废寺水田。又劝王宏，施肥田良地，以充基业。)

大业七年，治兵涿野，亲总元戎，将欲荡一东夷，用清殳轨，因问左右备叙轩皇。先壮阪泉之戮暴，后叹峒山之问道，追思智者，感慕动容。下敕迎顶远至行所，引见天宸，叙以同学之欢。又遣侍郎吴旻送还台寺。尔后王人继至，房无虚月。

顶纵怀邱壑，绝迹世累，定慧两修，语默双化。乃有名僧大德，近域远方，希睹三观、十如及心尘使性，并拜首投身，请祈天鼓，皆疏瀹情性，澡雪胸襟，三业[13]屡增，二严[14]无尽。忽以贞观六年八月七日，终于国清寺房，春秋七十有二。初薄示轻疾，无论药疗，而室有异香。临终命弟子曰："《弥勒经》说：'佛入灭日，香烟若云。'汝多烧香，吾将去矣。"因伸遗诫，词理妙切，门人众侣瞻仰涕零。忽自起合掌，如有所敬，发口三称阿弥陀佛，低身就卧，累手当心，色貌欢愉，奄然而逝，举体柔软，顶暖经日。

尝有同学智晞，顗之亲度，清亮⑮有名，先以贞观元年卒。临终云："吾生兜率天矣，见先师智者，宝座行列皆悉有人，唯一座独空，云却后六年，灌顶法师升此说法。"焚香验旨，即慈尊降迎，计岁论期，审晞不缪矣。以其月九日窆于寺之南山，远近奔号，喧震林谷。

初顶化流嚣俗，神用宏方。村人于法龙，去山三十余里，染患将绝众治不愈，其子奔驰入山祈救。顶为转《法华经》，焚栴檀香，疾者虽远，乃闻檀香入鼻，应时痊复。又，乐安南岭地曰安洲，碧树青溪，泉流伏溺，人径不通，顶留连爱玩，顾而誓曰："若使斯地夷坦，当来此讲经。"曾未浃旬，白沙遍涌，平如玉镜，顶以感相显不违愿，仍讲《法华》《金光明》二部，用酬灵意。尝于章安摄静寺讲《涅槃经》，值海贼上抄，道俗奔委，顶方挝钟就讲，颜无慑惧。贼徒麾幡诣寺，忽见兵旗耀目，持弓执戟，人皆丈余，雄悍奋发，群睹惊遽，一时退散。常于佛陇，讲暇携引学徒，累石为塔，别须二片用构塔门。弟子光英，先以车运一石，咸疑厚大，更欲旁求，复劳人力，顶举杖聊拐，前所运石飒然

经典·4 习禅　215

惊裂，遂折为两段，厚薄等均，用施塔户，宛如旧契。若斯灵应其相实多。

自顶受业天台，台又禀道衡岳，思顗三世，宗归莫二。若观若讲，常依《法华》。又讲《涅槃》《金光明》《净名》等经，及说圆顿止观⑯、四念等法门，共遍不少。且智者辩才，云行雨施⑰，或同天网，乍拟璎珞，能持能领，唯顶一人。其私记智者词旨，及自制义记，并杂文等题目，并勒于碑阴。弟子光英，后生标俊，优柔教义，与国清寺众，佥共纪其行，树其碑于寺之门。常州宏善寺沙门法宣为文，其词甚丽，见于别集。

注释

① **义兴**：今江苏宜兴。

② **东瓯**：古县名，在今浙江永嘉县西南。

③ **临海之章安**：今浙江临海。

④ **孩**：小儿笑也。咳之古字。《说文》咳，小儿笑也，从口亥声。孩古文咳，从子。

⑤ **物类**：物之种类，又同种类之物，又万物之称。

⑥ **目**：称也、言也。

⑦ **进具**：进一步受具足戒之意，即指出家者受具足戒。

⑧**德瓶**：又作贤瓶。以瓶中能出心所欲求之物，故引喻能生善福。密教中，则以贤瓶为地神之三昧耶形，又于其中盛香、药等，布置于修法坛上。又此瓶中藏有种种宝，犹如大地埋藏诸种之财宝。

⑨**邗沟**：又称邗江，即自扬州西北去淮安县北部入淮之运河。

⑩**宾礼**：古五礼之一，宾见之礼也。

⑪**人野**：贵人与野人，即指贵贱。

⑫**千僧斋**：又称千僧会、千僧供养，即同时供养一千名僧侣之法会。

⑬**三业**：身、口、意三业。

⑭**二严**：二种庄严：智慧庄严、福德庄严。

⑮**清亮**：一谓人心性清明，二称音声清爽洪亮。

⑯**圆顿止观**：略称"圆顿观"，与"渐次止观""不定止观"并称三种止观。"圆顿止观"的特点是，不渐次修行，而直观诸法之实相。

⑰**云行雨施**：云流于空而落雨，谓施恩泽于万物。

译文

释灌顶字法云，俗姓吴，祖籍常州义兴（今江苏宜兴），自其祖父一辈起，避难移居东瓯（今浙江永嘉县西南），从此定居该地，即现在之临海章安（即今之浙江临海）。幼年时父亲就亡故了，由其母亲哺育、抚养。刚出生两个月时，就游视着东西，笑而欲说，却不知他说什么。母亲在夜里称呼佛法僧的名号，他就牙牙学舌，音句清晰，大家全感到很是诧异。就把此事告知摄静寺慧拯法师，法师闻而叹道："此子非凡。"即以"非凡"为字。七岁时便投拜慧拯，成为其弟子。他学习勤奋，玄学儒学的典籍都读，才华出众，在家乡已稍有名气。二十岁时受具足戒，对佛教十分爱好。自从慧拯法师谢世之后，往天台参学，修习禅定，坚持不懈。

陈至德元年（公元五八三年）随智𫖮禅师出居光宅寺，教习教观，频频得到智𫖮禅师之印可。陈灭亡后，随智𫖮禅师四处游学、弘法，各地名胜，无不涉足，四方大德，多曾参谒。后来到荆州玉泉寺，传法游化，迹遍西楚。隋开皇十一年（公元五九一年）晋王杨广镇守扬州，陪同智者大师止住于禅众寺，是智𫖮门下一员法上将。后来又随智𫖮到了天台山，辅助智𫖮弘法、讲经。晚年居称心精舍，讲说《法华经》，剖析精密，有过先贤，四方学者云集。其时有一位吉藏法师，于兴皇出家，后在嘉祥寺大弘佛法，独步浙东，对于天台教观甚表推崇，遂遣散门人，前往天台研习《法华》，并发愿弘扬演说此经。

开皇十七年（公元五九七年），智者大师患病期间，灌顶侍候左右，亲伺汤药，无微不至。智者入灭后，亲承遗旨，哀泣跪受遗书遗物，后转予晋王。晋王五体投地，悲泣顶受，事遵宾见之礼，情敦有如法亲。后晋王派扬州总管府司马王弘，送灌顶回山，为智者设千僧斋，建造国清寺，亦即晋代昙光、道猷之故址。前峰佛陇寺号修禅。在陈朝时，智者来到天台，此地称"丹邱"，地势平正，视野广阔。于是在陇南整地植树，准备在此建立道场，但心愿未了即入灭西归了。晋王遵照智顗之遗嘱，在此地建起了国清寺。

隋仁寿元年（公元六〇一年）晋王继承皇位，经万里川途的跋涉来到国清寺，四海同庆。灌顶以晋王登位及山寺建成二事入朝参贺，蒙炀帝亲自接见，慰问频频，礼遇有加，灌顶应酬接对，言谈举止，落落大方，甚得炀帝之赞赏。事完之后，又派员外散骑侍郎张乾威送他回山，赐绢布等三千段，毡三百领。又设千僧斋，对山中之寺院殿宇重加修饰，使得天台山国清寺变得更为堂皇、壮观，一如智者之所预言。

仁寿二年（公元六〇二年），炀帝又致书灌顶，曰："现正值盛夏，天气炎热，愿禅师道体安康，禅观精进。最近令慧日道场之庄、论二法师讲解《维摩诘经》，讲席中多是用智者大师之义疏判释经文，禅师既是智者大师之高足，天台教观之所寄托，故欲延请禅师前来参加讲经盛会，请务必莅临是盼。来时请把智者大师之《法华经疏》一并带来。热切地等着禅师的光临。书不尽意。"灌顶遂持钵负锡，高步入京。在讲席中，每遇有高深之处，无不咨询于他。灌顶则广征博引，应接自如，使与会者得益匪浅。讲席完毕，又派人送他回山，馈赠又极丰盛。（据《国清百录》记载："大业元年，隋炀帝曾下敕江阳名僧云：过去智者大师在天台山建立寺院，因山命名，称为天台；现在须命一正式名称，未知经论之内，有何美名佳语，诸位可各述己见，我最后定夺。"僧智操曰："智者大师曾悬记云：'寺若成，国则明。'"炀帝遂下敕云："此是大师之灵瑞，就称之为国清寺。"并令人用大匾，书上雌黄之大篆字，派内史通事舍人卢政方送去天台山，安于寺院大门上。并为国清寺建造了四周围墙，并给废寺水田。更令王宏赠许多良田给寺里，以充基业。）

大业七年，隋炀帝屯兵涿野，准备征讨东方诸族，遂叙历代先皇之业绩，并陈阪泉之戮暴、峒山之问道，而当他追思至智者时，感叹动容。下敕迎灌顶至其行所，并随即会见了他，称之为同学。事后，又派吴旻送他回天台。后来又常常驾临天台。

灌顶身居丘壑，绝迹世间，定慧兼修，语默双化，四方的名僧大德，纷纷前去向他问道参学，声誉曾盛极一时。凡是想了解天台三观、十如是及心尘者，皆来归投灌顶，祈请开智慧。忽然于唐贞观六年（公元六三二年）八月七日，终于国清寺，世寿七十二。起初，他只患轻疾时，无论用什么药，皆满室有异香。临终时对弟子说："《弥勒经》说：'佛入灭日，香烟若云。'你们多烧香，我将去矣。"遂留下遗嘱，言辞真切动人，门人瞻仰，无不涕零。忽然间他自己起来合掌端坐，如有所敬，口中三称阿弥陀佛，后低身就卧，把手抬至胸口处，表情愉悦，奄然而逝。死后好长一段时间，身体轻软，头顶仍有微暖。

曾有同学智晞，乃智顗亲度弟子，以心性清明而驰名，卒于贞观元年。临终时，他对弟子说："我当往生兜率天，去见先师智者大师。那里的宝座上已经都有人，只剩下一个空位，据说我死后六年，灌顶法师上生到这里说法，此即是其座位。"说完之后，他即焚香入灭，其月九日，葬于寺之南山，远近奔号，震动山林。六年之后，灌顶果然谢世。计算时间，智晞之言不谬矣。

灌顶化兼道俗，颇有神通。当地村人于法龙，其家离山寺三十余里，曾患重病，百般医治，均无见效，已经濒临死亡，其子赶快奔赴寺院，祈请灌顶救治。灌顶遂为之诵《法华经》焚香，祈福禳灾。于家离寺虽远，但其时即闻到旃檀香，疾病很快痊愈。又，乐安南岭一带称为安洲，树木青翠，溪水清澈，灌顶很喜欢这个地方，曾立誓曰："若能使这一带变成平地，我当来这里讲经。"没过多久时间，果然白沙遍涌，平坦如镜，灌顶视此乃因其誓言所感，遂不负前誓，到此地讲《法华经》及《金光明经》，以酬灵应。他曾经在章安摄静寺讲《涅槃经》，正好碰上海盗来犯，道俗奔逃，灌顶仍撞钟开讲，面无惧色。海盗到了寺院，忽然见兵旗林立，有许多军士持弓执戟，人皆有一丈多高，个个彪悍异常，群贼都大吃一惊，俱皆逃离。他又曾率领学徒在佛陇累石为塔，其时需要有二片巨石做塔门。弟子光英用车运来一块大石，大家都认为石块太大，应该另找其他的石块做门。灌顶遂举起锡杖，朝石块一劈，该石即时破为两片，不大不小，正好做塔门。类似这样的事，举不胜举。

灌顶受业于智者大师，智者又受业于南岳慧思。自慧思、智者至灌顶三世，称雄于当时佛教界。他们既讲经又修禅观，但多依《法华经》。此外，又常讲《涅槃经》《金光明经》《维摩诘经》等，所弘者最重圆顿止观及四念等法门。智者大师，一代宗匠，其辩才如云行雨施，或如同天网，又像璎珞般珍贵，而能承继其教观和事业者，只有灌顶一人。智者之讲述、义记及杂文等，多经灌顶之手。他的弟子光英及国清寺僧众，树其碑于寺门，并记其行状。常州宏善寺沙门法宣撰写了铭文，文辞甚丽，另见别传。

唐并州玄中寺释道绰

原典

释道绰，姓卫，并州汶水①人。弱龄处俗，闾里以恭让知名。十四出家，宗师经诰，《大涅槃》部，遍所宏传，讲二十四遍。晚事瓒禅师，修涉空理，亟沾徽绩。瓒清约雅素，慧悟开天，道振朔方②，升名晋土。绰禀服神味，弥积岁时，承昔鸾法师净土诸业，便甄简权实，搜酌经论，会之通衢，布以成化。克念缘数，想观幽明，故得灵相潜仪，有情欣敬。恒在汶水石壁谷玄中寺，寺即齐时昙鸾法师之所立也，中有鸾碑，具陈嘉瑞，事如别传。

绰般舟、方等，岁序常宏，九品③十观④，分时绍务。尝于行道际，有僧念定之中，见绰缘佛珠数相，量如七宝大山。又睹西方灵相，繁缛难陈。由此盛德日增，荣誉远及，道俗子女，赴者弥山。恒讲《无量寿观》，将二百遍。道悟自他，用为资神之宅也。词既明诣，说甚适缘，比事引喻，听无遗拘，人各掬珠口同佛号，每时散席，响弥林谷。或邪见不信，欲相抗毁者，及睹绰之相善，饮气而归。其道感物情为若此。

曾以贞观二年四月八日，绰知命将尽，通告事相，闻而赴者，满于山寺。咸见鸾法师在七宝船上告绰曰："汝净土堂成，但余报未尽耳。"并见化佛住空天华下散，男女等以裙襟承得，薄滑可爱。又以干地插莲，华不萎者七日。及余善相，不可殚纪。自非行感伦通，讵能会此者乎！年登七十，忽然龀齿新生，如本全，无历异。加以报力休健，容色盛发，谈述净业，理味奔流，词吐包蕴，气沾醇醴。并劝人念弥陀佛名，或用麻豆等物而为数量，每一称名便度一粒。如是率之，乃积数百万斛者。并以事邀结，令摄虑静缘。道俗向其绥导，望风而成习矣。又年常自业，穿诸木栾子以为数法，遗诸四众，教其称念，屡呈祯瑞，具叙行图。著《净土论》二卷，统谈龙树、天亲，迩及僧鸾、慧远并遵崇净土，明示昌言，文旨该要，详诸化范。传灯寓县，岁积弥新。传者重其陶鍪风神，研精学观，故又述其行相。

自绰宗净业，坐常面西，晨宵一服，鲜洁为体。仪貌充伟，并部推焉，顾眄风生，舒颜引接。六时笃敬，初不缺行，接唱承拜，生来弗绝。才有余暇，口诵佛名,日以七万为限,声声相注,宏于净业,故得镕铸有识,师训观门。西行广流,斯其人矣。沙门道抚,名胜之僧,京寺宏福,逃名往赴。既远玄中,同其行业,宣通净土,所在弥增。今有惰夫,口传摄论,唯心不念,缘境又乖,用此招生,恐难继想。绰今年八十有四,而神气明爽,宗绍存焉。

注释

① **并州汶水**:今山西太原。

② **朔方**:泛指北方。

③ **九品**:即往生之九种等级:上上、上中、上下、中上、中中、中下、下上、下中、下下。

④ **十观**:又作十种观法、十重观法、十乘观等,止观之一种,见《摩诃止观》卷五。

译文

释道绰,俗姓卫,并州汶水(今山西太原)人。幼年生长在俗世,以恭让识礼闻名。十四岁出家,博览经籍,讲《大涅槃经》达二十四遍。后师事瓒禅师,修习空理,探究玄微。瓒禅师清约雅素,慧悟天开,道振北土,名扬江南。后来,道绰受用神味,满一年后承继昙鸾净土思想，搜酌经论，并加以甄别会通，广为弘布。自己克念持诵，观想幽明，得到灵相威仪，受大众敬仰。常在汶水石壁谷玄中寺修习净业。此寺乃齐时昙鸾所建，寺里有昙鸾之墓碑，载有许多灵应之事，详见别传。

　　道绰还常讲传般舟、方等诸经，九品十观，时时修习。曾有僧人于念定之中，见道绰数珠念佛之相，珠子之数量如七宝大山。又言亲睹西方灵相等等，由此盛德日增，声誉远播，道俗子女，趋之若鹜。经常讲说《无量寿观经》，达两百遍之多。其道能悟自他，以之安心立命，其词明晰易晓，连类比喻，百听不厌。席中听众各掐佛珠，同称佛号。每次散席，声震林谷。有些起初不太相信其道欲诽谤之者，等他们见到道绰之风采后，多改邪归向，其道感人化物若此。

　　唐贞观二年（公元六二八年）四月八日道绰知道自己大限已到，遂向外界通报此事，闻者纷纷前往，一时间，寺里人山人海。许多人都见到昙鸾法师在七宝船上告诉道绰曰："你修净业已成，但余报尚未全尽。"并见化佛从空中散下天花，男女都以裙襟接得天花，且有薄滑之感。又曾以干地插莲花，该花一连七日都不枯萎。凡此种种，不可尽言。若非形感伦通，怎能如此！年过七十，突然口里生出新齿，一如童年。他一直到晚年仍然身体康健，容光焕发，讲述净业，滔滔不绝，并常劝人称名念佛，或用麻豆等物记数，每称念一次佛号，便数一颗麻豆，长此以往，所数麻豆计数百万斛。在他的影响下，当时称名念佛蔚然成风。他又教人穿木槵子作为数珠之法，称念佛号屡次现祥瑞的图像。曾著《净土论》二卷，统称龙树、世亲乃及昙鸾、慧远等历代大德高僧并遵崇净业，文旨简要，影响深远。传习的人崇敬他的风神和精深学识，往往流传了他的行相。

自从道绰修习净业之后，常面西而坐，晨宵一服，鲜洁如新。其仪貌伟岸，顾盼生风，引接徒众，风度翩翩。其昼夜六时笃敬，从不间断。稍有余暇，则口称佛号，一日以念佛七万声为限，声声相续，号号相连。称名念佛在中土盛行，道绰其功也。当时的许多僧人都跟从他修习净业。其较著名的弟子有善导、道抚、僧衍等，其中以善导最为杰出。当代有许多懒惰的修行人，只会在嘴上传诵摄论，心不能守念，又随境杂想，不能继承前人心迹。贞观十九年（公元六四五年）入灭，世寿八十四。

唐润州牛头沙门释法融

原典

释法融，姓韦，润州延陵①人。年十九，翰林②坟典③，探索将尽。而姿质都雅，伟秀一期。喟然叹曰："儒道俗文，信同糠秕；般若止观，实可舟航。"遂入茅山，依炅法师剃除周罗④，服勤请道。炅誉动江海，德诱几神。妙理真筌，无所遗隐。融纵神挹酌，情有所缘，以为慧发乱纵，定开心府，如不凝想，妄虑难摧。乃凝心宴默于空静林，二十年中，专精匪懈，遂大入妙门，百八总持，乐说无尽。趣言三一，悬河不穷。

贞观十七年，于牛头山幽栖寺北岩下，别立茅茨禅室，日夕思择，无缺寸阴。数年之中，息心之众，百有余人。初构禅室，四壁未周，弟子道綦、道凭，于中摄念，夜有一兽如羊而入，腾倚扬声，脚蹴二人，心见其无扰，出庭宛转而游。

山有石室，深可十步。融于中坐，忽有神蛇长丈余，目如星火，举头扬威，于室口经宿，见融不动遂去。因居百日。山素多虎，樵苏绝人，自融入后，往还无阻。又感群鹿，侬室听伏，曾无惧容。有二大鹿，直入通僧，听法三年而去。故慈善根力，禽兽来驯。乃至集于手上而食，都无惊恐。所住食厨，基临大壑，至于激水不可环阶。乃顾步徘徊，指东岭曰："昔远公拄锡，则朽壤惊泉，耿将整冠，则枯鬈还满，诚感所及，岂虚言哉！若此可居，会当清泉自溢。"经宿，东岭忽涌飞泉，清白甘美，冬温夏冷。即激引登峰，趣釜经廊。此水一斗，轻余将半。

又二十一年十一月，岩下讲《法华经》。于时素雪满阶，法流不绝。于凝冰内获花二茎，状如芙蓉，璨同金色。经于七日，忽然失之，众咸叹仰。永徽三年，邑宰⑤请出建初讲扬《大品》，僧众千人。至《灭诤品》，融乃纵其天辩，商榷理义，地忽大动，听侣惊波，钟磬香床并皆摇荡，寺外道俗安然不觉。

显庆元年，司功⑥萧元善，再三邀请出在建初，融谓诸僧曰："从今一去，再践无期。离合之道，此常规耳。"辞而不免，遂出山门。禽兽哀号，逾月不止。山涧泉池击石涌砂，一时填满房前。大桐四株，五月繁茂，一朝凋尽。至二年闰正月二十三日，终于建初，春秋六十四。道俗哀慕，宫僚轸结。二十七日窆于鸡笼山，幢盖箾箫，云浮震野，会送者万有余人。传者重又闻之，故又重缉。

初融以门族五百为延陵之望家为聘婚，乃逃隐茅岫。炅师"三论"之匠，依志而业。又往丹阳南牛头山佛窟寺，现有辟支佛窟，因得名焉。有七藏经书：一佛经，二道书，三佛经史，四俗经史，五医方图符。昔宋初有刘司空造寺，其家巨富，用访写之，永镇山寺，相传守护。达于贞观十九年，夏旱失火，延烧五十余里，二十余寺并此七藏并同煨烬。嗟乎，回禄，事等建章，道俗悼伤，深怀恻怆。

初融住幽栖寺，去佛窟十五里，将事寻讨，值执藏显法师者稽留，日夕谘请，经久许之。乃问融所学，并探材术，遂寄诗达情，方开藏给。于即内外寻阅，不谢昏晓，因循八年，抄略粗毕，还隐幽栖，闭关自静。房宇虚廓，惟一坐敷，自余蔓草苔莓，拥结坐床，坐高二寸，寒不加絮，暑绝追凉，藉草思微，用毕形有。然而吐言包富，文藻绮错，须便引用，动若珠联，无不对以宫商，玄儒兼冠。初出幽栖寺开讲《大集》，言词博远，道俗咸欣。

永徽中，江宁令李修本，即召仆射静之犹子，生知信向，崇重至乘。钦融嘉德，与诸士俗步往幽栖，请出州讲。融不许，乃至三返方遂之。旧齿未之许，后锐所商榷。及登元座有光前杰，答对若云雨，写送等悬河，皆曰闻所未闻，可谓中兴大法于斯人也。听众道俗三千余人，讲解《大集》，时称荣观。尔后乘兹雅闻，相续法轮，邑野相趋庭宇充闾。时有前修，负气望日盱衡，乍闻高价,惊惶府俞,来至席端,昌言征责,融辞以寡薄不偶至人,随问答遗,然犹谦挹告大众曰:"昔如来说法,其理犹存。人虽凡圣,义无二准。"……

初武德七年,辅公祏跨有江表,未从王政。王师薄伐,吴越廓清。僧众五千,晏然⑦安堵⑧。左仆射房玄龄奏称:"入贼诸州,僧尼极广,可依关东旧格,州别一寺,置三十人,余者遣归编户。"融不胜枉酷,入京陈理。御史韦挺,备览表辞,文理卓明,词彩英赡。百有余日,韦挺经停。……

永徽之中,睦州妖女陈硕真,邪术惑人,傍误良善。四方远僧,都会建业。州县搜讨,无一延之。融时居在幽岩,室犹悬磬,寺众贫煎,相顾无聊。日渐来奔,数出三百。旧侣将散,新至无依。虽欲归投,计无所往。县官下责,不许停之。融乃告曰:"诸来法侣,无问旧新,山寺萧条,自足依庇。有无必失,勿事羁离。望刹知归,退飞何往。并安伏业,祸福同之。何以然耶?并是舍俗出家,远希正法。业命必然,安能避也。近则五贼常逐,远则三狱恒缠,心无离于倒迷,事有障于尘境。斯为巨蠹,志异驱除。安得琐琐公途,系怀封着。并随本志,无得远于幽林。"

融以僧众口给日别经须,躬往丹阳四告士俗,闻者割减不爽祈求,融报力轻强,无辞担负,一石八斗,往送复来。日或二三，莫有劳倦。百有余日，事方宁静。山众恬然，无何而散。于时局情寡见者，被官考责，穷刻妖徒，不能支任，或有自缢而死者。而融立志滔然，风尘不涉，客主相顾，谐会琴瑟。遂得释然，理通情洽。岂非命代开士，难拥知人。寒木死灰，英英闲出，实斯人矣。

时有高座寺亘法师，陈朝名德，年过八十，金陵僧望法事攸属，开悟当涂。融在幽栖，闻风造往。以所疑义，封而问曰："经中明佛说法，言下受悟。无生论中，分别名句、文相，不明获益。法师受佛遗寄，敷转法轮。如融之徒，未闻静惑。为是机器覆塞？为是陶化无缘？明昧回遑，用增虚仰。必愿开剖盘结，伏志遵承。"亘良久怃然告曰："吾昔在前陈，年未冠肇，有璀禅师，王臣归敬，登座控引，与子同之。吾何人哉，敢当遗寄？"遂尔而散。融还建初寺，潜结同伦，亘重其道志，策杖往寻。既达建初寺，有德善禅师者，名称之士，喜亘远来，欢愉谈谑。而善与融同寺，初未齿之。亘曰："吾为融来。"忽轻东鲁，乃召而问之，令叙玄致。即坐控举，文理具扬，三百余对，言无浮采。于是二德嗟咏满怀，仍于山寺为立斋讲。

然融仪表瑰异，相越常人，头颅巨大，五岳隆起。眉目长广，颡颊浓张，龟行鹤视，声气深远，如从地出，立虽等伦，坐则超众。……而心用柔软，慈悲为怀，童稚之与耆艾，敬齐如一。屡经轻恼，而情忘瑕不顾。曾有同友，闻人私憾，加谤融身，詈以非类，乃就山说之。融曰："向之所传，总是风气。出口即灭，不可追寻。何为负此虚谈，远传山薮。无住为本，愿不干心。"故其安忍刀剑，情灵若此。或登座骂辱，对众诽毁，事等风行，无思缘顾，而颜貌熙怡，倍增悦怿。是知斥者故来呈拙，光饰融德者乎，传者抑又闻之，昔如来说化，加谤沸腾，或杀身以来谐，或系杆以生诽，灭迹内以死虫，反说面欺大圣，斯徒众矣。而佛府而隐之，任其讪诽。及后过咎还露，或生投地穴，或死入泥犁，天人之所共轻，幽显为之悲恸。而如来光明益显，金德弥昌，垂范以示将来，布教陈于陆海。

注释

① **润州延陵**：今江苏丹阳。

② **翰林**：文翰之林，犹文苑。

③ **坟典**：即"三坟五典"，泛指中国古代典籍。

④ **周罗**：又作周罗发，出家之人剃发时，保留于头顶之少许头发。

⑤ **邑宰**：即县令。

⑥ **司功**：唐代州府佐吏自录事参军外，还设有司功、司仓、司户、司兵、司法、司士六参军。其中司功主管官园祭祀、礼乐学校等事务。

⑦ **宴然**：（一）日出时温暖气，（二）安然。

⑧ **安堵**：安居。《史记·田单传》："愿无虏掠吾族家妻妾，令安堵，燕将大喜。"

译文

释法融，俗姓韦，润州延陵（今江苏丹阳）人。十九岁，已饱读诗书，风神俊逸，曾感叹道："儒道俗文，如同秕糠；般若止观，方是舟航。"遂入茅山，依炅法师出家，修习精勤。炅法师乃当时佛教界一高僧，遐迩闻名，道行高深。法融依之修习禅定，于空静山林中凝心宴坐，二十年精进不懈，遂深入妙门，精通佛理。

贞观十七年（公元六四三年），在牛头山幽栖寺北岩下，别立茅茨禅室，日夜修习，从不间断。几年之间，前往修禅者有一百多人。在禅室初建、四壁尚未筑起来时，其弟子道綦、道凭于室静坐修禅，有一野兽，其状如羊，进入禅室里，鸣叫扬蹄，用脚踢他俩，见两人毫无反应，遂走出禅室，四处游走。

此牛头山上有一石室，深可十步，法融在里面静坐，有一条一丈长的蛇，双目发光，吐舌扬威，在洞口盘绕了一个晚上，见法融一无所动，遂游走了。法融在此石室中静修了一百多天。此山以前常有虎患，人迹罕至。自从法融入住此山之后，行人来往不绝。又感得群鹿来此听法，毫无恐惧之感。其中有两只大鹿，在禅室处听法三年后才离去，其慈善根力，甚至连野兽都变得很为温顺，甚至可以把食物拿在手上喂养野兽。法融所住禅室之厨房，在一大壑之上，泉水上不来。他乃徘徊数步，用锡杖指着东岭说："过去远公住锡庐山东林寺时，用杖击壤，朽壤出泉，此乃诚感所致，不是虚言。若此地可居，当有清泉自溢。"后来，东岭之上果然流泉飞涌，泉水清白甘美，冬温夏冷。即刻激发起登峰的意志，于是回舍取釜。此地的水重量很轻，是其他等容器水的一半重。

又贞观二十一年十一月，于岩下讲解《法华经》。当时雪花飘满石阶，而听法者络绎不绝。曾获得二朵花，状如芙蓉，金光闪闪，七天之后，又忽然不见了，众全叹为奇异。永徽三年（公元六五二年），邑宰请他至建初寺讲解《大品般若经》，听者多达上千人。当讲到《灭诤品》时，法融更是剖析精微，口若悬河，大地突然为之震动，钟鼓绳床都左右摇晃起来，众皆惊惶不已，而寺外之民众却一无所觉。

显庆元年（公元六五六年），司功萧元善再三延请法融出住建初寺，法融遂对诸僧说："此次一去，归日无期。分合离散，道之常规。"遂出山门，禽兽哀号，逾月不止。山涧泉池，沙石齐涌，顿时把房前塞满。房前之四株大梧桐树，也一时凋零。至显庆二年闰正月二十三日，入寂于建初寺，世寿六十四。道俗哀号，宫僚云集。二十七日，葬于鸡笼山。出葬那天，幢幔遍野，笳箫震天，送葬的人达一万多人，追悼思念的人聚了又集。

起初，法融尚未出家时，其双亲曾与当地一望族之闺秀订有婚约。法融不接受这门亲事，遂逃入茅山。其时止住于茅山之炅法师乃精通三论之高僧，法融遂从他受业。其后又往丹阳南面之牛头山佛窟寺。该寺有辟支佛窟，因而得名。窟中有七藏经书：一曰佛经，二曰道书，三曰佛经史，四曰俗经史，五曰医方图符等。过去刘宋时有司空刘氏建造此寺。其家乃一方巨富，遂找人抄写，永镇山寺，相传守护。到了贞观十九年夏天，因久旱失火，延烧五十余里，二十多寺，与此七藏经书也一同被烧毁了。其时道俗哀悼，不胜悲伤。

当初法融住幽栖寺时，离佛窟约十五里地，准备寻访所遗之经书，曾经负责保管经书之显法师的稽留，他遂日夜谘请。经不起他的一再请求，显法师乃问法融所学内容，并试探其才学，法融遂寄诗达情，显法师才拿出所遗下之经书，但只让他在家里查阅。法融遂不分昼夜，一读八年，略得经书之大概后，又复回幽栖寺，闭关静修。其房间里，除了一个坐具，空徒四壁，蔓草青苔，长满床下，尘高二寸，寒不加衣衫被褥，暑不吹风纳凉，藉草思微，终日默默。但每吐言，寓意深宏，文采华丽，须便引用，动若珠之缀联，无不对以音律，玄儒兼弘。离开幽栖寺后，开讲《大集经》，言辞丰赡博达，深为道俗二界所钦敬。

永徽年间，江宁令李修本即将升任仆射。他崇尚佛法，钦敬法融，率诸士俗，步行至幽栖寺，请他出来讲经。起初法融没有答应，一连请了三次，才接受其请。法席一开，便引起轰动。他义理精湛，口若悬河，听者均说实乃闻所未闻，佛法中兴，在于此公也。前去听讲的道俗二界共三千多人，时称盛会。自此之后，他法轮相续，大弘禅法。朝野争趋，门庭若市。当时有些无知之徒，想前往诘难，法融对答如流，潇洒自如。他对大众说："过去释迦说法，其理至今犹存。人虽有凡圣之区别，而义理本无二致。……"闻者皆称赞不已。

唐武德七年（公元六二四年），李唐平定了吴越诸郡，当时僧众有五千人安居。左仆射房玄龄上书奏道：

"东南一带，僧尼极多，可依关东旧例，每州置一寺，三十人，其余的人都遣散归俗。"法融乃入京陈理。御史韦挺，备览法融所上奏表，见其词理真切，文采飞扬，韦挺遂有停止沙汰僧尼之意。后与房玄龄商议，过了一段时间后，才停止沙汰僧尼。……

永徽年间，睦州妖女陈硕真，邪术惑众，祸及佛门。各州县搜检甚紧，四方僧众，纷纷逃至建业。其时法融住在幽栖寺，僧众饥寒交加，无可奈何，许多外地僧人，又前来投靠，最多的一日来了三百人。本寺之僧人即将离散，外来之僧众又无处依止。意欲投奔他处，又无更好的去处。县官又下令，不许收留外来僧人，真是到了走投无路的境地。其时法融即对大家说："一切僧众，不论旧部抑或新来，值此法难之际，大家应该患难与共，同舟共济。因为大家都是释门弟子，共希正法，既是业命必然，又怎能逃避得掉呢！请大家暂勿离开幽林，本寺虽小，足以让大家安身。不要让心里的妄想追逐，迷失于尘与障境。"

之后，因为寺中日用粮食不足，他亲自到丹阳向诸士俗化缘，闻者施舍踊跃。法融愿宏大不辞辛劳地肩担，一次或一石或八斗，来来回回，一天有时候走两三趟，从来不感觉疲累，因为如此，众僧方才得以糊口度日。此事经过百余日方息，众僧方才散去。当时之情势甚是严酷，有不少僧人被官府追逼，走投无路只好自杀。而法融立志不移，不染风尘，若非高人，焉能如此！

当时，有高座寺亘法师，乃陈朝名德、金陵高僧，年已过八十，教化道俗。法融在幽栖寺时，闻风造访，向他请教一些疑难经义，曰："经中明说佛法言下得悟；无生论中，又分别名句、文相，不说当下获益。法师乃佛法之所寄托，又常转法轮，对佛法甚是精通，像我法融这样的人，至今未能开悟，不知是根器太钝，还是与教化无缘，请望法师慈悲为怀，给予开示。"亘法师沉思良久才对法融说："我过去尚未成年在陈朝时，有一璀法师，很受王公大臣们之崇敬，登座讲经，与天子无异。我是什么人，岂敢担当佛法所寄之重任？"此次造访，就这样不欢而散。法融回到建初后，潜结同伦，誓志弘法。亘法师听到这个消息后，十分赞赏其道志，策杖前去找他。到建初寺后，正好遇上德善禅师。德善禅师乃是名称之士，见亘法师远道而来，十分高兴，与之叙谈良久，两人均未语及法融。亘法师后来才说："我为法融而来。"遂召之对谈，三百余对，均无虚语华辞，两法师十分赞叹，遂于山寺为立斋讲。

据载，法融其人相貌与众不同，头很大，五岳高隆，眉目广长，脸颊开阔，龟行鹤视，声气深远，站立则与众人一样高,坐则高众人一头。……其心地善良,慈悲为怀,不论童稚还是老人,他都礼敬如一;虽屡经恼扰,但他很快就把它遗忘了。曾有同学加谤于他,法融听后却说:"这种诽谤如同风、气之类,出口即灭,又何必去为这些东西烦恼、生气呢!"其安忍若此。有登座辱骂或当众诽谤之者,他把它视同一阵风,根本不加理睬;因而使得这些诬人之徒犹如仰天而唾,不但不能对法融有所损害,反而更显示出他之德操。这有如昔日如来说法,加谤沸腾,但佛陀置之不理,任其诽谤,到后来,那些诽谤佛陀的人,或生投地穴,或死入泥犁(即地狱),为天人之所不齿。而如来光明愈显,金德弥隆,垂范以示将来,布教遍于四海。……

蕲州双峰山释道信

原典

释道信,姓司马,未详何人。初七岁时,经事一师。戒行不纯,信每陈谏,以不见从,密怀斋检。经于五载,而师不知。又有二僧,莫知何来,入舒州[1]皖公山[2],静修禅业。闻而往赴,便蒙授法。随逐依学,遂经十年。师往罗浮,不许相逐,但于后住,必大宏益。

国访贤良,许度出家,因此附名住吉州寺。被贼围城七十余日,城中乏水,人皆困弊。信从外入,井水还复,刺史叩头:"贼何时散?"信曰:"但念般若。"乃令合城同时合声,须臾外贼见城四角,大人力士,威猛绝伦。思欲得见刺史,告曰:"欲见大人,可自入城。"群贼即散。既见平定,欲往衡岳,路次江州③,道俗留止庐山大林寺。虽经贼盗,又经十年。蕲州④道俗请度江北,黄梅县众造寺,依然山行。遂见双峰有好泉石,即住终志。当夜大有猛兽来绕,并为授归戒,授已令去。

自入山来三十余载,诸州学道,无远不至,刺史崔义玄,闻而就礼。临终语弟子宏忍:"可为吾造塔,命将不久。"又催急成。又问:"中未?"答:"欲至中。"众人曰:"和尚可不付嘱耶?"曰:"生来付嘱不少。"此语才了,奄尔便绝。于时山中五百余人,并诸州道俗,忽见天地暗冥,绕住三里。树木叶白,房侧梧桐树曲枝向房,至今曲处皆枯。即永徽二年闰九月四日也。春秋七十有二。至三年,弟子宏忍⑤等,至塔开看,端坐如旧。即移往本处,于今若存。

注释

① **舒州**:今山东滕县。
② **皖公山**:又名潜山,位于今安徽潜县西北。

③ **江州**：今江西南昌。

④ **蕲州**：今湖北蕲春县。

⑤ **宏忍**：《大正藏》第五十册·页六〇六中作"弘"。

译文

释道信，俗姓司马，祖籍不详。七岁时曾投一师，因戒行不纯，道信屡加劝谏，但均无效果，道信遂暗地自行斋戒，前后有五年时间，其师竟不知道。后来有两个僧人，不知从何处来，来到舒州（今山东滕县）皖公山（今安徽省潜山县西北）静修禅业，道信闻而前往参访，遂蒙二禅师授予禅法。后依此二禅师四处游学，前后达十年时间。后来其师要去罗浮山，不许道信相随，但于后住，必大弘益。其时国访贤良，准许俗人出家，因此道信前往吉州寺。该寺附近有一城池曾遭贼人围困达七十余日，城中缺乏饮用水，人皆困弊。道信从入城之后，城中又冒出了泉水，刺史十分感激，叩头致谢，并问："贼何时能退？"道信说："但念般若。"刺史就令全城的人同声念诵般若。其时城外之贼人但见城之四周出现了许多勇士，威猛无比。群贼想见刺史谈判，城中即回答："想见大人者，可以自己进城。"众贼一听，纷纷逃离。城既解围，道信便想前去衡阳南岳，路过江州

（今江西南昌）时，道俗挽留他至庐山大林寺止住，从上次盗贼围城后至今，又经十年。后来，受蕲州（今湖北蕲春县）道俗延请，遂至江北之黄梅县。他依山而行，见有一双峰山，有好泉石，即在此止住。刚住下来那天晚上，有猛兽环绕其身边，道信为之授戒。授过戒后，令它们自去。

道信自到此山以来，前后三十多年，诸州学士，不远万里，前来参访、问道；刺史崔义玄，慕名前来礼敬。临终时对弟子弘忍说："可为我造塔，我不久将入寂。"又催他赶快造成。临入灭时，又问弘忍："到中午了没？"弘忍答道："已快到中午了。"众人又请示："和尚可有遗嘱？"他说："生来就付嘱不少。"此语才说完，就奄然而逝。其时山中五百余人以及诸州道俗，忽然见方圆三里之内天昏地暗，树叶发白，房寺旁边之梧桐树曲枝向房，至今曲处皆枯萎。其时即永徽二年（公元六五一年）闰九月四日，世寿七十二。至永徽三年，其弟子弘忍等，开其墓塔，见他端坐如旧，即移往本处，于今尚存。

5 明律

梁扬都天竺寺释法超

原典

释法超,姓孟氏,晋陵无锡①人也。十一出家,住灵根寺,幼而聪颖,笃学无倦。从同寺僧护修习经论,而雅有深思。幽求讨击,学论归仰。贫无衣食,乞丐自资。心性柔软,劳苦非虑。晚从安乐寺智称,专攻《十诵》。致名命家,语其折中者,数过二百。自称公殁后,独步京邑。中岁废业,颇失鸿绪②。后复缀讲,众重殷矣。

帝谓律教乃是像运③攸凭,学慧阶渐,治身灭罪之要。三圣④由之而归,必不得阙。如闭目夜行,常惧蹈诸坑堑，欲使僧尼于五篇⑤、七聚⑥，导意奖心。以超律学之秀，敕为都邑僧正，庶其宏扇有徒，仪表斯立。武帝又以律部繁广，临事难究，听览余隙，遍寻戒检，附世结文，撰为一十四卷，号曰《出要律仪》。以少许之词，网罗众部，通下梁境，并依详用。

普通六年，遍集知事及于名解，于平等殿，敕超讲律，帝亲临座听受成规。以众通道俗，恐陷于忽目，但略举纲要，宣示宏旨。三旬将满，文言便竟。所以导扬秘部，宏悟当机。遂得四众⑦移心，朝宰胥悦。至七年冬，卒于天竺住寺，春秋七十有一。天子下敕流慰，并令有司葬钟山开善寺墓。

注释

① **晋陵无锡**：今江苏无锡。

② **鸿绪**：本多指帝王祖传基业，此指法统。

③ **像运**：像即像教，即佛教，像运即佛教之命运。

④ **三圣**：三圣有多说，此当指佛之外之菩萨、声闻、缘觉三圣。

⑤ **五篇**：又作"五犯""五众罪""五种制"，亦即"波罗夷""僧残""波逸提""波罗提提舍尼""突吉罗"，总括比丘二百五十戒及比丘尼三百四十八戒。

⑥七聚：上说五篇加上"偷兰遮"（即"波罗夷""僧残"而未遂之罪）而成六聚；或由"突吉罗"开出"恶说"而成"七聚"。

⑦四众：即比丘、比丘尼、优婆塞、优婆夷。

译文

释法超，俗姓孟，晋陵无锡（今江苏无锡）人。十一岁出家，住灵根寺，聪颖过人，好学不倦。从同寺之僧护修习经论，思深好学。潜心思索奥义，讨伐攻击学论的归服问题。贫无衣食，乞以自资。心地善良，刻苦勤奋。后从安乐寺智称专攻《十诵》。与名相家讨论，被其折挫者，至少有二百人以上。自从智称法师往生后，他就独步京城。中年一度废业，有失法统。后复讲学，受到大众的热切期待。

梁武帝常谓戒律乃佛教之凭依，学慧之阶渐，治身灭罪之大要，三圣之所归趣，不可或缺，如闭目夜行，常惧堕落坑堑，欲使僧尼通晓戒律，诸罪无犯，遂敕精通律学之法超为都邑僧正，让他制定律仪，使僧徒有所依止。武帝又以律部典籍浩瀚，临事难究，他遂于听览之余，遍寻律藏，编纂了十四卷之《出要律仪》，以简短之篇幅，网罗众部，朝廷把它颁布全国，供各寺使用。

普通六年（公元五二五年），梁武帝敕法超于平等殿讲解律学，武帝亲临法席，听受戒规。因道俗二界都有人前去聆听，为了避免引起歧解，他仅举纲要，宣述宏旨。历时近一个月，便讲完。就自己的体悟与当时机缘指导四众有关律学的秘要。听者移心，僧俗欢悦。至普通七年冬天，卒于天竺寺，世寿七十一。天子下敕致哀，并令把他葬于钟山开善寺墓。

6　护法

东魏洛都融觉寺释昙无最

原典

释昙无最，姓董氏，武安①人也。灵悟洞微，餐寝玄秘。少禀道化，名垂朝野，为三宝之良将，即像法之金汤。讽诵经论，坚持律部。偏爱禅那，心虚静谧。时行汲引，咸所推宗。兼博贯玄儒，尤明论道，故使七众②望尘。奄有繁闹，最厌世情重，将捐四部，行施奖诲，多以戒禁为先。亟动物机，信用云布，曾于邯郸崇尊寺说戒，徒众千余，并是常随门学。……后敕住洛都融觉寺，寺即清河文献王怿所立。廊宇充溢，周于三里。

最善宏敷导，妙达《涅槃》《华严》，僧徒千人，常业无怠，天竺沙门菩提流支见而礼之，号为"东土菩萨"。尝读最之所撰《大乘义章》，每弹指唱善，翻为梵字，寄传大夏③。彼方读者，皆东向礼之为圣人矣。然其常以宏法为任。元魏正光元年，明帝加朝服大赦，请释李两宗上殿，斋讫，侍中刘滕宣敕，请诸法师等，与道士论义。时清通观道士姜斌，与最对论。帝问："佛与老子同时不？"姜斌曰："老子西入化胡成佛，佛以为侍者。文出《老子开天经》。据此明是同时。"

最问曰："老子同何王而生？何年西入？"

斌曰："当周定王三年，在楚国陈州苦县厉乡曲仁里，九月十四日夜生。简王四年为守藏吏，敬王元年，年八十五，见周德陵迟，遂与散关令尹喜，西入化胡。约斯明矣。"

最曰："佛当周昭王二十四年四月八日生，穆王五十二年二月十五日灭度。计入涅槃，经三百四十五年，始到定王三年，老子方生。生已年八十五，至敬王元年凡经四百三十年，乃与尹喜西遁。此乃年载悬殊，无乃谬乎！"

斌曰："若如来言，出何文纪？"

最曰："《周书异记》《汉法本内传》，并有明文。"

斌曰："孔子制法圣人，当明于佛，迥无文志，何耶？"

最曰："孔氏三备卜经，佛之文言出在中备。仁者识同管窥，览不宏达，何能自达？"

帝遣尚书令元乂宣敕："道士姜斌，论无宗旨，宜令下席。"

又议《开天经》是谁所说。中书侍郎魏收、尚书郎祖莹，就观取经。太尉萧综、太傅李寔、卫尉许伯桃、吏部尚书邢栾、散骑常侍温子昇等，一百七十人，读讫奏云："老子止著五千文，余无言说，臣等所议，姜斌罪当惑众。"帝时加斌极刑。西国三藏法师菩提流支苦谏，乃止配徒马邑。

最学优程誉，继乎魏史。借甚腾声，移肆通国。遂使达儒朝士，降阶设敬，接足归依。佛法中兴，惟其开务。后不测其终。

注释

① 武安：今河北武安市。

② 七众：即比丘、比丘尼、式叉摩那、沙弥、沙弥尼、优婆塞、优婆夷。

③ 大夏：又作吐火罗、吐呼罗，位于今阿富汗北部。

译文

释昙无最，俗姓董，武安（今河北武安市）人。灵悟过人，博览玄籍。少年时就出家修道，名闻朝野，乃佛门之良将，护法之金城汤池。他广诵经论，特重律藏。偏爱禅学，喜欢静修。时时应机拔擢后进，为众人所推崇。他博贯儒玄，尤明论道，为当时僧俗二界之所推重。他最厌世情繁杂，将会牺牲四众弟子的道业，所以行道教诲，多以禁戒为先。既能应机施教，名声传布又广，曾于邯郸崇尊寺说戒，徒众千余人，都是常随弟子。……后来敕住洛阳融觉寺。此寺乃清河文献王怿所立，寺院很大，殿宇恢宏。

昙无最善于弘法讲经，尤擅长于《涅槃》《华严》，僧徒千余人，修习精勤，天竺沙门菩提流支很尊敬他，称之为"东土菩萨"。曾经阅读他所撰之《大乘义章》，并把它翻为梵文，寄回西土。西土学者读了此书后，都对他甚礼敬，称他为圣人。他常以弘法为己任。北魏正光元年间，明帝大赦天下，请释道二教学士上殿用斋，斋后，侍中刘滕宣读诏书，让诸法师与诸道士论义。当时清通观道士姜斌与昙无最对论。皇帝问："佛与老子是否同时？"姜斌答道："老子曾从西出关，化胡成佛，其时，佛是侍者。此记述出自《老子开天经》，可见佛与老子乃同时之人。"

此时，昙无最问姜斌道："老子生于何时？何时出关西入化胡？"

姜斌答道："老子生于周定王三年（公元前六〇四年）九月十四日，乃楚国陈州苦县人。周简王四年（公元前五八二年）为守藏吏，周敬王元年（公元前五一九年）八月十五日，见周朝衰落，遂与散关令尹喜，西入化胡。"

昙无最道："佛于周昭王二十四年四月八日生，周穆王五十二年二月十五日入灭。亦即经过三百四十五年才到老子出生之周定王三年，至周敬王元年，即已经过了四百三十年，才与尹喜西遁，如此年代悬隔，岂不谬哉！"

姜斌复问道："你之所说，出自何典籍？根据何在？"

昙无最道："《周书异记》《汉法本内传》，均有明文。"

姜斌道："孔子曾整理史书典籍，凡有圣人，多有记述，而于佛而毫无所记载，为什么呢？"

昙无最说："孔子氏三备卜经，佛之文言出在中备。你孤陋寡闻，这又能怪谁呢？"

皇帝听了他们一番论辩后，令尚书令宣敕曰："道士姜斌，论无宗旨，宜令下席。"

席中又讨论《老子开天经》为谁所说。中书侍郎魏收、尚书郎祖莹，当即到道观取该经。太尉萧综、太傅李寔、卫尉许伯桃、吏部尚书邢峦、散骑常侍温子昇等一百七十人一齐阅读该经，读后奏道："老子只著五千文，此外并无其他著述，臣等认为，姜斌谣言惑众，罪在不赦。"皇帝则下敕对姜斌施以极刑，印度之三藏法师菩提流支苦加劝谏，姜斌才免于一死，被从轻发落，流放马邑。

昙无最博学广闻，誉满朝野，遂使达儒朝士，纷纷降阶礼敬，崇奉皈依。佛法中兴，昙无最其力矣。后不知所终。

唐终南山龙田寺释法琳

原典

释法琳，姓陈氏，颍川①人。远祖随官寓居襄阳②。少出家，游猎儒释，博综词义。金陵楚郢，从道问津。自文苑才林，靡不寻造。而意存纲梗，不营浮绮。野栖木食于青溪等山，昼则承诲佛经，夜则吟览俗典。故于内外词旨，经纬遗文，精会所归，咸肆其抱。而风韵闲雅，韬德潜形。气扬彩飞，方陈神略。隋季承乱，入关观化，流离八水③，顾步三秦④，每以槐里⑤仙宗，互陈名实。昔在荆楚，梗概其文。而秘法奇章，犹未探括。自非同其形服，尘其本情，方可体彼宗师，静兹纷结。

乃权舍法服，长发多年。外统儒门，内希聃术。遂以义宁初岁，假被巾褐，从其居馆。琳素通《庄》《老》，谈吐清奇，道俗服其精华。……乃住京师济法寺。

至武德四年，有太史令傅奕，先是黄巾，深忌佛法，上废佛法事者十有一条。云释经诞妄，言妖事隐，损国破家，未闻益世，请胡佛邪教退还天竺，凡是沙门放归桑梓，则家国昌大，李孔之教行焉。武皇容其小辩，朝辅未能抗也。时谓遵其邪径，通废宏衢，莫不惧焉。乃下诏问曰："弃父母之须发，去君臣之章服，利在何门之中？益在何情之外？损益二宜，请动妙释。"

琳愤激傅词，侧听明敕，承有斯问，即陈对曰："琳闻至道绝言，岂九流[6]能辩。法身[7]无象，非'十翼'所诠。但四趣茫茫，漂沦欲海；三界蠢蠢，颠坠邪山。诸子迷以自焚，凡夫溺而不出。大圣为之兴世，至人所以降灵，遂开解脱之门，示以安隐之路。于是中天王种，辞恩爱而出家，东夏贵游，厌荣华而入道。誓出二种生死[8]，志求一妙涅槃。宏善以报四恩[9]，立德以资三有[10]。此其利益也。毁形以成其志，故弃须发美容。变俗以会其道，故去君臣华服。虽形阙奉亲，而内怀其孝。礼乖事主，而心戢其恩。泽被怨亲，以成大顺。福沾幽显，岂拘小违。上智之人，依佛语故为益。下凡之类，亏圣教故为损。惩恶则滥者自新，进善则通人感化。"此其大略也。而傅氏所奏，在司犹未施行，奕乃多写表状，远近公然流布，京室闾里，咸传"秃丁"之诮。剧谈酒席，昌言"胡鬼"之谣。佛日翳而不明，僧威阻而无势。

于时达量道俗动毫，成论者非一，各陈佛理，具引梵文，委示业缘，曲垂邪正。但并是奕之所废，岂有引废证成。虽曰"破邪"，终归"邪破"。琳情主玄机，独觉千载。器局天授，博悟生知。睹作者之无功，信乘权之有据。乃著《破邪论》，其词曰：庄周云："六合⑪之内，圣人论而不议；六合之外，圣人存而不论。"老子云："域中有四大，而道居其一。"考《诗》《书》《礼》《乐》之致，忠烈孝慈之先，但欲攸序彝伦，意存敬事君父，至德唯是安上治民，要道不出移风易俗。自卫返鲁，讵述解脱之言。六府九畴，未宣究竟之旨。案前汉《艺文志》，所纪众书一万三千二百六十九卷，莫不功在近益，俱未畅远途。诚自局于一生之内，非迥拔于三世之表者矣。遂使当见因果，理涉旦而犹昏；业报吉凶，义经丘而未晓。斯并六合之寰块，五常之俗谟，讵免四流⑫浩汗，为烦恼之场。六趣⑬喧哗，造尘劳之业者也。

原夫实相杳冥，逾道之要道。法身凝寂，出玄之又玄。唯我大师，体斯妙觉。二边顿遣，万德斯融。不可以境智求，不可以形名取，故能量法界而兴悲，揆虚空而立誓。所以现生秽土，诞圣王宫。示金色之身，吐玉毫之相。布慈云于鹫岭，则火宅焰销；扇慧风于鸡峰，则幽途雾卷。行则金莲捧足，坐则宝座承躯；出则天主导前，入则梵王从后。声闻、菩萨俨若朝仪，八部万神森然翊卫；宣《涅槃》则地现六动，说《般若》则天雨四花。百福庄严，状满月之临沧海；千光照曜，如聚日之映宝山。师子一吼，则外道摧锋；法鼓暂鸣，则天魔稽首。是故号佛，为法王也，岂与衰周李耳比德争衡，末世孔丘辄相联类者矣。是以天上天下，独称调御之尊，三千大千，咸仰慈悲之泽。然而理深趣远，假筌蹄而后悟。教门善巧，凭师友而方通。统其教也，则八万四千之藏。二谛十地之文，海殿龙宫之旨，古谍今书之量，莫不流甘露于万叶，垂至道于百王。近则安国利民，远则超凡证圣，但以时运未融，致令汉梵殊感。故西方先音形之奉，东国后见闻之益。及慈云卷润，慧日收光，乃梦金人于永平之年，睹灵骨于赤乌之岁[14]。于是汉魏齐梁之政，像教勃兴，燕秦晋宋已来，名僧间出。或神力救世，或异迹发人，或慧解开神，或通感适化，及白足临刃不伤，遗法为之更始。志上分身员户，帝王以之加信，具诸史籍，其可详乎。并使功被将来，传灯永劫。

议者佥曰："僧唯绍隆佛种，佛则冥卫国家。福隆皇基，必无废退之理。"我大唐之有天下也，应四七之辰，安九五之位，方欲兴上皇之风，开正觉之道，治致太平，永隆淳化。但傅氏所述⑮，酷毒秽词，并天地之所不容，人伦之所同弃。恐尘黩圣览，不可具观。伏惟陛下，布含宏之恩，垂鞠育之惠，审其逆顺，议以真虚。佛以正法远委国王，陛下君临斯当付嘱。谨上《破邪论》一卷，用拟传词，文有三十余纸。自琳之缀彩，贯绝群篇。野无遁贤，朝无遗士。家藏一本，咸诵在心，并流略之菁华，文章之冠冕。茂誉于是乎腾广，昏情由之而开尚矣。琳又以论卷初出，意在宏通，自非广露其情，则皂隶⑯不尘其道。乃上启储后⑰、诸王及公卿侯伯等，并文理宏被，庶绩咸熙。其博诣焉，故奕奏状因之致寝，遂得释门重敞，琳实其功。

东宫庶子虞世南，详琳著论，乃为之序焉。而傅氏不惬其情，重施密谮，构扇黄巾用为党类，各造邪论，贬量佛圣，昏冒生灵，炫曜朝野，薰莸⑱既杂，时所疑焉。武德九年⑲春，下诏京置三寺，唯立千僧，余寺给赐王公，僧等并放还桑梓。严敕既下，莫敢致词，五众哀号于槁街，四民顾叹于城市。于时道俗蒙然，投骸无措，赖由震方出帝，氛祲廓清。素袭启闻，薄究宗领。登即大赦，还返神居。故佛日重朗于唐世，又由琳矣。

琳频逢黜陟，誓结维持，道挫世情，良资寡学，乃探索典籍，隐括玄奥，撰《辩正论》一部八卷，颍川陈子良注之，并制序曰："昔宣尼入梦，'十翼'之理克彰，伯阳[20]出关，'二篇'之义爰著。或钩深系象，或探赜希夷，名言之所不宣，阴阳之所不测。犹能弥纶天地，包括鬼神。道无洽于大千，言未超于域内，况乎法身圆寂，妙出有无。至理凝玄，迹泯真俗，体绝三相，累尽七生，无心即心，非色为色，筌蹄之外，岂可言乎？若夫西伯拘羑，遂显精微，子长蚕室，卒成先志，故《易》曰：'古之作《易》者，其有忧乎？论之兴焉，良有以矣。'"

有道士李仲卿、刘进喜等，并作庸文，谤毁正法，在俗人士或生邪信。法师愍其盲瞽，遂著斯论。可谓鼓兹法海，振彼词锋。碧鸡之锐竞驰，黄马之峻争骛[21]。莫不叶堕柯摧，云销雾卷。……

贞观初年，帝于南山大和宫旧宅，置龙田寺。琳性欣幽静，就而住之。众所推美，举知寺任。从容山服，咏歌林野。至十三年冬，有黄巾秦世英者，挟方术以邀荣，遂程器于储贰[22]，素嫉释种，阴陈琳论，谤讪皇宗，罪当罔上。帝勃然下敕，沙汰僧尼。见有众侣，宜依遗教。仍访琳身，据法推勘。琳扼腕奋发，不待追征，独诣公庭，轻生徇理。乃絷以缧绁[23]，下诏问曰："周之宗盟，异姓为后，尊祖重亲，实由先古。何为追逐其短，首鼠两端。广引形似之言,备陈不逊之喻。犯毁我祖祢,谤黩我先人。如此要君,罪有不恕。"

琳答曰:"……皇天无亲,竟由辅德。古人党理而不党亲,不自我先,不自我后。虽亲有罪必罚,虽怨有功必赏。赏罚理当,故天下和平。老子习训道宗,德教加于百姓,恕己谦光,仁风形于四海。"又云:"……今刘、李所述,谤灭老氏之师,世莫能知,著兹《辩正论》,有八卷,略对道士,六十余条。并陈史籍前言,实非谤毁家国。"自后辨对二十余例,并据琳词,具状闻奏。敕云:"所著《辩正论·信毁交报篇》曰:'有念观音者,临刃不伤。'且赦七日,令尔自念,试及刑决能无伤不?"琳外缠桎梏,内迫刑期。水火交怀,诉仰无路。乃缘生来所闻经教及三圣尊名,铭诵心府,拟为显应。

至于限满,忽神思飘勇,横逸胸怀,欢庆相寻,顿忘死畏,立待对问,须臾敕至,云:"今赦期已满,当至临刑,有何所念,念有灵不?"琳援笔答曰:"自隋季扰攘,四海沸腾。疫毒流行,干戈竞起。兴师相伐,各擅兵威。臣佞君荒,不为正治。遏绝王路,固执一隅。自皇王吊伐,载清陆海。斯实观音之力,咸资势至之恩。比德连踪,道齐上圣。救横死于帝庭,免淫刑于都市。琳于七日已来,不念观音,唯念陛下。"敕治书侍御史韦惊问琳："有诏令念观音，何因不念？乃云：'唯念陛下。'"琳答："伏承观音圣鉴，尘形六道，上天下地，皆为师范。然大唐光宅四海，九夷奉职，八表刑清，君圣臣贤，不为枉滥。今陛下子育恒品，如经即是观音。既其灵鉴相符，所以唯念陛下。且琳所著正论，爰与书史伦同，一句参差，任从斧钺。陛下若顺忠顺正，琳则不损一毛；陛下若刑滥无辜，琳则有伏尸之痛。"具以事闻，遂不加罪。有下敕徙于益部僧寺。行至百牢关菩提寺，因疾而卒，时年六十九。

沙门慧序，经理所苦，情结断金。晓夕同衾，慰抚承接。及命将尽，在序膝上。序恸哭崩摧，泪如驶雨。乃召诸关傍道俗，葬于东山之顶。高树白塔，勒铭志之。行路望者，知便下泪。……

琳所著诗、赋、启、颂、碑、表、章议、大乘教法，并诸论记传，合三十余卷。并金石击其风韵，缛锦缋其文思，流靡雅便，腾焰弥穆。又善应机说导，即事骋词，言会宫商，义符玄籍，斯亦希世罕嗣矣。

注释

① 颍川：今河南许昌。
② 襄阳：今湖北襄阳。

③ **八水**：原指关中泾水、渭水等八条河流，此泛指关中。

④ **三秦**：项羽破秦入关，曾三分关中之地，故关中亦称三秦，在今陕西一带。

⑤ **槐里**：古地名，在今陕西兴平市东南。

⑥ **九流**：儒家、道家、阴阳家、纵横家、法家、名家、墨家、农家、杂家等九学派。

⑦ **法身**：佛所说之正法、佛所得之无漏法及佛之自性真如如来藏。

⑧ **二种生死**：《成唯识论》卷八所举之二种生死，即分段生死与变易生死。

⑨ **四恩**：《大藏法数》卷二十三指四恩为天下恩、国王恩、师尊恩、父母恩。

⑩ **三有**：欲有、色有、无色有。义同三界。

⑪ **六合**：指天地四方。

⑫ **四流**：又作四暴流、四大暴流、暴流，乃烦恼之异名，包括欲暴流、有暴流、见暴流、无明暴流。

⑬ **六趣**：又称"六道"，即地狱道、饿鬼道、畜生道、修罗道、人间道、天道。此在佛教中属六凡界，前三道属三恶道，后三道属三善道。

⑭ **睹灵骨于赤乌之岁**：三国赤乌十年，康僧会应孙权之请，于第三个七日内，感得舍利，孙权感其威

神，遂皈依佛教。

⑮ **傅氏所述**：即傅奕上书沙汰僧尼十一条。

⑯ **皂隶**：指衙门里的差役。

⑰ **储后**：即太子之别名。

⑱ **薰莸**：薰即香草，莸即臭草，后多以喻善人与恶人。

⑲ **武德元年**：验诸史料，似是武德九年之误。

⑳ **伯阳**：此指老子，老子字伯阳。

㉑ **碧鸡之锐竞驰，黄马之峻争骛**：云南昆明市东有金马山，西有碧鸡山，二山皆有神祠，相传汉时于此争祭金马碧鸡之神。

㉒ **储贰**：太子之别称。又以皇女为储贰。

㉓ **缧绁**：拘系犯人之绳索，引申为囚禁。

译文

释法琳，俗姓陈，颍川（今河南许昌）人。远祖随官移居襄阳（今湖北襄阳）。少年出家，学兼儒释，博综词义。曾在江浙、湖北一带游学问道，文苑才林，无不涉足。而注重义旨，不尚浮华。野栖木食于青溪等山。昼则读诵佛经，夜则吟览俗典，故对于内外经籍史书、词旨文义，全都精通。而气度优雅，韬光养晦，神情飞扬,风神俊逸。隋末天下大乱,入关游化,流离八水,顾步三秦("八水""三秦"均指关中)。曾与当地道士一起,谈道论法。过去在湖北时,曾读过道典,知其梗概,但未细加探讨。若不同其形服,不知其本情,很难体其宗旨,法琳乃暂时脱去法服,蓄起长发,博览儒家、老庄学说,并于义宁初年(公元六一七年)披上黄巾,穿起道袍,居于道观。法琳原就精通老庄学说,谈吐清奇,故很受道俗二界之崇敬。……唐武德初年(公元六一八年)再归释门,住于京城济法寺。

到武德四年(公元六二一年),有太史令傅奕,本是道士,深忌佛法,上表奏请废佛,所陈凡十一条,称言佛典荒诞不经,妖妄惑众,损国破家,没有什么益世的价值,请朝廷把佛教退回天竺,把僧侣放归桑梓,如此则家国昌大,儒道盛行。武则天皇帝让他上朝廷上与众大臣相辩论,造成了相当大的影响。唐高祖乃下敕问道:"沙门弃父母之发须,去君臣之章服,利在何门之中?益在何情之外?损益二方面并请沙门作出解释。"

法琳对傅奕之奏请十分气愤,既然高祖请沙门作出解释,就据理抗争,上书奏道:"法琳曾闻至道绝言,岂九流能辩!法身无象,非十翼(指《易》之'上象''下象''上象''下象''上系''下系''文言''说卦''序卦''杂卦')所诠。但四趣(指阿修罗、饿鬼、畜生、地狱）茫茫，沉沦于欲海；三界蠢蠢，颠坠于邪山。诸子迷恋火宅，凡夫溺而不出。大圣因之降世，至人所以显灵，大开解脱之门，示以智慧之路。于是佛陀辞亲爱而出家，东夏士庶厌弃荣华而入道。誓求了生脱死的涅槃法门，弘善立德以之报恩，这是无上的利益呀。虽然剃发易服，脱离世俗礼法，外表似乎缺乏对尊亲的侍奉，但内心为亲人消灾礼忏的孝心更大；礼数上似乎疏忽了对家园的报效，但实际上报恩祈福的功德更大。沙门的德泽广被，福沾幽显。上等人修行佛法而受益，下等人不敬圣教而受损。沙门以佛法济世惩恶，使恶人自新；以佛法度人劝善，则能感化大众。"这些就是其奏表之大体内容。但傅氏未等朝廷实施其废佛之奏请，就把其上奏之内容公诸于世，并广为流布，因其奏表中多有"秃丁""胡鬼"之语，因此，社会上很快就出现了"秃丁""胡鬼"等对僧人之蔑称、讥诮，佛教界面临一种严峻的形势。

僧侣中的有识之士也纷纷而起，挥毫著论，各陈佛理，具引梵文，广示业缘，澄清是非。此时法琳乃广征博引，著《破邪论》二卷，其词曰：庄周云："六合之内，圣人论而不议；六合之外，圣人存而不论。"老子曰："域中四大，而道居其一。"考诸《诗》《书》《礼》《乐》之致，忠烈孝慈之先，但欲序彝伦而事礼敬，至德唯是安上治民，要道不出移风易俗。孔子自卫返鲁，岂述解脱之言？六府九畴，未宣究竟之旨！案前汉《艺文志》，所记众书一万三千二百六十九卷，莫不功在近益，俱未畅叙远途，都只局限于一生之内，非超出三世之表。遂使当见因果，理虽多而犹昏；业报吉凶，义其众而未晓。此之所言者，多属六合之事，五常之俗，故不免造作六趣尘劳之业，沉沦于世俗烦恼之流。

至于佛教所重之实相，乃无形无相、玄之又玄之本体，只有佛陀亲证其体，二边顿遣，万德皆融，不可以境智求，不可以形名取，所以能量法界而兴悲，揆虚空而立誓，示现秽土，降生王宫。现金色之身，吐玉毫之相。布慈云于鹫岭，则火宅之焰灭；扇慧风于鸡峰，则幽途之雾散。行则金莲捧足，坐则宝座承躯；出则天帝导前，入则梵王从后。声闻、菩萨有若朝仪，八部万神犹如侍卫；宣《涅槃》则大地震动，说《般若》则天雨四花。百福庄严，如满月之临沧海；千光照耀，似圆日之映宝山。狮子一吼，则外道摧锋；法鼓才鸣，则天魔稽首。是故号之为佛，乃法王也，怎能与周代李耳相提并论，与末世孔丘同日而语！所以"天上天下，唯我独尊"，三千大千，全仰慈悲之泽。然而佛教理致深奥，假筌蹄而后语。教门善巧，凭师友而方通。统其教者，有八万四千法门。二谛十地之文，海殿龙宫之旨，无不流甘露于万世，垂至道于百王。其法近则安国利民，远则超凡证圣，只因机缘、时运不同，故有梵汉之殊。西土先沐佛泽，东土后闻声教。慈云东被，慧日普照，才有汉明帝梦金人于永平之年，孙权睹佛骨于赤乌之岁。于是，汉魏齐梁之后，佛教勃兴，燕秦晋宋以来，名僧辈出。或以神力救人，或以奇迹度人，或慧解开神，或通感适化，乃至足履刃而不伤，火烧经而不毁。民众趋之若鹜，帝王崇信有加。这一切具诸典籍，历历可观，功垂将来，传灯永劫。

世人都说："僧侣是绍隆佛法的佛子，佛则冥卫国家，百姓承泽，皇室蒙福，必无废退之理。"我大唐之有天下，乃应四七之辰，安九五之位，方欲兴上皇之风，开正觉之路，治致太平，永隆淳化。但傅氏所言（即傅奕之奏请废除佛法），对佛法极尽诋毁之能事，词秽语酷，为天地所不容，人伦之所同弃。恐亵渎圣览，不可具观。伏惟陛下，布含宏之恩，垂养育之惠，审其逆顺，辨其真伪。佛以正法委寄国王，陛下君临天下，乃绍隆佛法希望之所在。今谨呈上《破邪论》一卷，文有三十余纸，望能制颁天下，广为流布。法琳又以该论初出，意在弘通，若不广为传布，则士庶难识其道。乃上启太子及诸公卿大臣，情文并茂，言真意切，故使傅氏奏请废佛之事，因之而停止，遂得释门再开，佛法重弘，法琳其功也。

其时，东宫庶子虞世南，详细研读了法琳之《破邪论》，并为之作序。但傅奕仍不甘罢休，重向皇上进谗言，并与黄巾道士相勾结，各造邪论，贬斥佛教，煽动君臣，迷惑民众。武德九年（公元六二六年），唐高祖下敕沙汰僧尼，京城只置三寺，设一千僧人，其他的寺院则赐给各王公大臣，所沙汰之僧尼则放归桑梓。严敕既下，没有人再敢抗辩，五众（即佛门五众）哀号于道路，四民（即士、农、工、商）慨叹于城市。道俗惶惶，罔然无措。后来，高祖退位，唐太宗大赦天下，佛教才得以恢复。所以佛教重兴于唐代，又是法琳之功也。

法琳一生，正逢佛教处于多事之秋，为了挫败道教攻击和诋毁，他广览典籍，探索玄奥，著《辩正论》一部八卷，颍川陈子良为之作注并制序，序曰："过去孔子入梦，十翼之理方彰，伯阳（即老子）出关，二篇（指《道德经》二篇）之义才显。钩深致玄，探赜索微，名言之所不宣，阴阳之所不测。虽能弥纶天地，妙出鬼神，但言未超出域内，何况法身圆寂，妙出有无。至理凝玄，迹泯真俗，体绝形相，累尽七生，无心即心，无色即色，筌蹄之外，岂可言筌？西伯（即周文王）被拘羑里而演《周易》，子长（即司马迁）遭宫刑而成《史记》，故《易》曰：'古之作《易》，其有忧乎？论之兴焉，良有以矣。'"

有道士李仲卿、刘进喜等，并作论谤毁正法，世俗人士，或生邪信，法琳悲怜其盲瞽，遂著斯论（即《辩正论》），鼓兹法海，振彼词锋，各种谬论邪说，才被一一摧破。……

贞观初年（公元六二七年），太宗在南山大和宫旧宅建立龙田寺，法琳性好幽栖，止住于此寺。为僧众所推崇，担任寺主。悠游于山林之中，至贞观十三年冬，有道士秦世英，以方术邀荣，并进谗于皇室，诽谤法琳所著的《辩正论》讪毁皇帝的祖宗，有罔上之罪。太宗大怒，下敕沙汰僧尼，并要抓法琳问罪。法琳毫不畏惧，不待追拿，自诣公庭，准备以身殉法。至公庭后，法琳就被捆绑起来，皇帝亲自下诏责问，曰："中国古来就有尊祖重亲之传统，为何广引形似之言，借陈不逊之喻，诋毁我之祖先，如此轻蔑皇族，罪在不赦。"

法琳正色答道："……古人曰：'皇天无亲，唯德是辅。'古人依理而不依亲。虽亲有罪必罚，虽怨有功必赏。赏罚得当，故天下和平。老子习训道宗，德教加于百姓，恕己谦光，仁风形于四海。"又云："……今刘、李所述，谤毁老氏之师，世人不知其非，故著《辩正论》八卷，以驳斥道士谬论邪说。六十余条，多出自史书典籍，实非谤毁皇宗。"太宗闻奏后，下敕云："你所著之《辩正论·信毁交报篇》中宣称：'有念观音者，临刀不伤。'今宽限七日，让你称念观音，到动刑时再看看是否真能临刀不伤？"法琳既身陷牢狱，申述无门，遂把平生来所学经典及三圣尊名，铭诵在心，日日修行。

到期限已满那天，法琳忽然灵机一动，想出一个应对的办法。当皇上下敕问他："今限期已满，今天就要动刑了，不知你有何所念？所念又有灵验不？"法琳援笔答道："自从隋末之后，四海沸腾，疫毒流行，干戈不息，列强争雄，各擅兵威。后来李唐平定海内，天下遂得安宁，此实仰仗观音之力、势至之恩。此功此德，堪与上圣媲比。臣七日以来，不曾称念观音，唯念陛下。"侍御史韦惊问法琳："皇帝下诏令你称念观音，因何不念，而说只念陛下？"法琳回答道："观音圣鉴六道，天上地下，皆为师范，而大唐一统天下，四海清平，内外和睦，陛下子育万品，皇恩浩荡，如经上所说，正是观音。因为如此，所以只念陛下。另外，法琳所著《辩正论》，史料全都出自典籍，若有一句偏差，愿受刀斧之罚。陛下若顺忠顺正，法琳则可以不损一毛；陛下若欲滥杀无辜，法琳则难逃此劫。"审讯的人把这些报告太宗之后，太宗遂不加罪，下敕令迁徙四川为僧。当他行至百牢关菩提寺时，因疾而卒，世寿六十九。

法琳临终时，沙门慧序曾侍其左右，晓夕同衾，慰抚承接。命将尽时，伏在慧序之膝上。慧序恸哭哀号，泪如雨下。法琳入寂后，他遂召集关旁道俗，把他葬于东山之顶。植以高树，立以白塔，撰铭志之。过路之行人，遥望树塔，无不悲伤落泪。……

法琳所著诗、赋、启、颂、碑、表、章议、大乘教法，并诸论述传记，计三十卷，均情文并茂、义理幽深。他又善于应机示教，即事说法，言会宫商，义符玄理，实稀世之奇才、佛门之法将也。

7　感通

魏洛京永宁寺天竺僧勒那漫提

原典

勒那漫提，天竺僧也。住元魏洛京永宁寺，善五明①，工道术。时信州刺史綦母怀文②，巧思多知，天情博艺，每国家营宫室器械，无所不关。利益公私，一时之最。又敕令修理永宁寺，见提有异术，常送饷祇，承冀有闻见，而提视之平平，初无叙接。文心恨之。时洛南玄武馆，有一蠕蠕③客，曾与提西域旧交。乘马衣皮，时来造寺，二人相得言笑抵掌，弥日不懈。文旁见夷言，不晓往复，乃谓提曰："弟子好事人也，比来供承，望师降意。"而全不赐一言。"此北狄耳，兽心人面，杀生血食，何足可尚，不期对面遂成彼此？"提曰："尔勿轻他，纵使读万卷书，事用未必相过也。"怀文曰："此有所知，当与角伎赌马。"提曰："尔有何耶？"曰："算术之能，无问望山临水，悬测高深，围圌踏窖，不舛升合。"提笑而言曰："此小儿戏耳。"庭前有一枣树极大，子实繁满。时七月初，悉已成就。提仰视树曰："尔知其上可有几许子乎？"文怪而笑曰："算者所知，必依勾股标准，则天文地理，亦可推测。草木繁耗，有何形兆，计期实谩言也。"提指蠕蠕曰："此即知之。"文愤气不信，即立契赌马。寺僧老宿咸来同看，具立旁证。提具告蠕蠕，彼笑而承之。云文复要云："必能知者几许成核？几许瘀死无核？"断许既了，蠕蠕腰间皮袋里出一物，似今秤锤，穿五色线，线别贯白珠，以此约树。或上或下，或旁或侧，抽线睒眼，周回良久，向提撼头而笑，述其数焉。乃遣人扑子实下尽，一一看阅，疑者文自剖看，校量子数成不，卒无欠赎，因获马而归。

提每见洛下人远向嵩高少室取薪者，自云：百姓如许地担负辛苦，我欲暂牵取二山枕洛水头，待人伐足乃还故去，不以为难，此但数术耳。但无知者诬我为圣，所以不敢。提临欲终，语弟子曰："我更停五三日，往一处行，汝等念修正道，勿怀眷恋。"便寝疾闭户而卧。

弟子窃于门隙视之，见提身不着床，在虚仰卧，相告同视。一僧忽咳，提还床如旧。遥谓曰："门外是谁，何不来入？我以床热，故取凉耳。尔勿怪也。"是后数日便舍命矣。

注释

① **五明**：古印度五种学问，即：（一）声明，声韵和语文学；（二）工巧明，工艺、历数技术之学；（三）医方明，医药学；（四）因明，类似于现在之逻辑学；（五）内明，各种学术流派宗之学。

② **綦母怀文**："綦母"乃复姓，"怀文"即名字。

③ **蠕蠕**："蠕蠕"本指昆虫蠕动时情形，此指弯腰驼背之人。

译文

勒那漫提，天竺僧人。住于魏洛阳永宁寺，精通五明（即古印度的五种学问：声明、工巧明、医方明、因明、内明），擅长道术。当时信州刺史綦母怀文，精巧博艺，国家所修造的许多宫室器械等，都出自他之手，名闻遐迩。又敕令他修缮永宁寺。他见勒那漫提身有异术，经常送一些东西给他，希望他能有所传授。待见到勒那漫提之后，勒那漫提视之平平，没对他说什么，他便怀恨在心。当时洛阳南面有一玄武馆，住着一个腰弯驼背之人，是勒那漫提在西域时之旧交。有一次乘马前来永宁寺，与勒那漫提谈笑终日，因用西域的语言交谈，綦母怀文当时虽在场，但听不懂他们所谈的内容，乃对勒那漫提说："弟子是好学之人，希望师父能赐教一二。"但勒那漫提始终不赐一言。綦母怀文就说："此西域胡人，人面兽心，杀生食血，你因何与之一见，就如此相投？"勒那漫提说："你可千万不要小视了他，纵使你读万卷书，也未必能与他相提并论。"綦母怀文曰："既然如此，我准备同他比试比试技艺赌马等。"勒那漫提就问綦母怀文："你有何专长？"怀文曰："我擅长于算术，不论望山临水，测其高深，将分毫无差。"勒那漫提笑道："此乃小儿游戏耳。"当时庭前有一棵很大的枣树，正值七月，树上已结满果子。勒那漫提对綦母怀文说："你可知道树上有多少果子？"綦母怀文笑道："算术多有所依据，如勾、股、绳、尺等，只要有标准，则天文地理皆可测量。此草木果子错杂，毫无规则可循，又怎么预测呢？"勒那漫提指着那个驼背之人说："他就能算出来。"綦母怀文不信，立即立下字契，与他赌马。当时寺里的僧人都前来观看。勒那漫提就把此事对那驼背人说，只见他笑着答应了。此时，那綦母怀文又补充说:"必须指出,多少果子有核?多少果子无核?"那个驼背人也答应了。此时,只见他从腰间皮袋里拿出一个东西,似秤锤,穿着五色线,线上串着白色珠子。他就用此物在树的四周,或上或下,或左或右眨眼瞄测,过了一会儿工夫,对着勒那漫提笑着说出此树上果子的数量。当时,就让人把树上的果子全部摘了下来,一算,与他所测之数分毫无差,那驼背人骑上綦母怀文下赌之马,扬长而去了。

勒那漫提在洛阳时,经常看见当地人到很远的嵩岳少室山取薪,十分辛苦,曾想用法术把此少室山暂时搬至洛水两头,让当地百姓取足柴火后再把它搬回去,但因怕被无知之辈视为圣人,所以未敢这么做。他临终时,对弟子说:"我暂时到一个地方去几天,你等应修习正道,不要懈怠。"说后就闭门睡觉。过了两天,有一个弟子从门缝中往里面看,见他没有躺在床上,身体悬在虚空中,此弟子就把这事告诉寺里僧众,大家一齐去偷看。当时,因有一个僧人咳嗽了一声,只见勒那漫提的身体迅速回到床上,并问:"门外是什么人?何不进来?我因觉得床上热,所以悬于空中纳凉,你们无须感到奇怪。"过了几天,就入寂了。

8 遗身

南齐蜀部会州寺沙门释法凝

原典

释法凝，会州[①]人也，俗姓庞氏。初齐武帝梦游齐山，不知在何州县，散颁天下觅之。时会之父老，奏称去州城北七里，臣人山是，旧号齐山。武帝遣于上立精舍，度僧给田业。凝以童子，在先得度。专心持戒，道德日新。月[②]六年三[③]，斋供不断。但以坐禅为念，出禅则诵经。恒常入禅，百姓争往看，而不敢入，唯于窗中遥见。动经一月，出犹不食。大德名僧，多往劝之。

虽复进食，渐渐微少。后年至七十，于佛像前置座而坐，初烧一指，昼夜不动，火燃及臂，诸人与弟子欲往扑灭，及有叫唤者，复有禁止不听者。臂燃火焰弥炽，遂及身。七日七夜，时俗男女有号哭自捶者，又有顶礼赞叹者。至身尽，唯有聚灰。众共埋之，于上起塔。今唯有一精舍在，余皆摧灭。

注释

① 会州：今甘肃靖远。

② 月：岁月。

③ 三：《大正藏》第五十册·页六七八下校刊宋本、宫本，加上"月"字。

译文

释法凝，会州（今甘肃靖远）人，俗姓庞。以前，齐武帝梦见齐山，醒后不知此山位于何方，遂把梦中所见的景象描绘出来，颁布天下，令天下人一起寻找这个地方。当时，法凝所在地之父老乡亲奏报当地地方官，称齐武帝所梦之山乃是离会州城北七里的臣人山。此臣人山旧称齐山。齐武帝遂派人在那山顶建立精舍，并敕僧人住在上面，赐给田业。法凝当时以童子优先被剃度出家，住于齐山顶之精舍。他自出家后，专心持戒，道德日新。历时三年六个月，斋供不断。但以坐禅为念，出禅则诵经。时常进入禅定,当地的百姓争相上山,想去观看其坐禅,但到了山上,又不敢进入寺里,只从窗中遥望。只见他一坐就是一个月,有时虽然也出来走动,但仍不饮食。附近之大德名僧纷纷前往劝他进食。

法凝虽然有时也吃点东西,但所吃越来越少。到他七十岁时,于佛像前端坐,起初他自烧一指,火慢慢燃到手臂之上,他纹丝不动,在场的僧人及其弟子们想上前把火扑灭,但遭到他的拒绝。火慢慢燃到全身,一直烧了七天七夜。当时在家男女老少有的号啕大哭,有的赞叹不已。等到全身燃尽时,只剩下一堆灰烬。大众遂收拾起这些灰烬,把它埋葬起来,并在上面立塔。现在该地只剩下一个精舍,其他的已荡然无存。

9　读诵

魏泰岳人头山衔草寺释志湛

原典

　　释志湛，齐州山茌[①]人，是朗公曾孙之弟子也。立行纯厚，省事少言，仁济为务。每游诸禽兽而群不为乱。住人头山邃谷中衔草寺，寺即宋求那跋摩之所立也。读诵《法华》，用为常业。将终之日，沙门宝志奏梁武曰："北方山茌县人头山衔草寺须陀洹果圣僧者，今日入涅槃。"扬都道俗闻志此告，皆遥礼拜。故湛之亡也，寂无余恼，端然气绝，两手各舒一指。有西天竺僧解云："若二果[②]者，舒两指。"验湛初果[③]也。还收葬于人头山，筑塔安之，石灰泥涂，鸟兽不敢陵污，今犹存焉。

又范阳五侯寺僧,失其名,常诵《法华》。初死之时,权殡堤下,后迁改葬,骸骨并枯,唯舌不坏。

雍州有僧,亦诵《法华》,隐于白鹿山,感一童子常来供给。及死置尸岩下,余骸枯朽,唯舌如故。齐武成世,并州东看山侧有人掘地,见一处土其色黄白,与傍有异,寻见一物,状如两唇,其中有舌鲜红赤色,以事闻奏。帝问诸通人,无能知者。沙门大统法上奏曰:"此持《法华》者,六根不坏报耳。诵满千遍其征验乎。"乃敕中书舍人高珍曰:"卿是信向之人,自往看之,必有灵异。宜迁置净所,设斋供养。"珍奉敕至彼,集诸持《法华》沙门,执炉洁斋,绕旋而咒曰:"菩萨涅槃年代已远,像法流行幸无谬者,请现感应。"才始发声,此之唇舌,一时鼓动,虽无响声,而相似读诵。诸同见者,莫不毛竖。珍以状闻,诏遣石函,藏之,迁于山室。

又元魏北代,乘禅师者,受持《法华》,精勤匪懈。命终托河东薛氏为第五子,生而能言,自陈宿世,不愿处俗。其父任北泗州刺史,随任便往中山七帝寺,寻得本时弟子,语曰:"汝颇忆从我渡水往狼山不?乘禅师者,我身是也。房中灵几可送除之。"父母恐其出家,便与纳室,尔后,便忘宿命之事,而常兴厌离,端拱静居。

又太和初年，代京阉官，自慨形余，不逮人族，奏乞入山修道。有敕许之。乃赍一部《华严》，昼夜读诵，礼悔不息。夏首归山，至六月末，髭须尽生，复丈夫相。遥状奏闻，高祖信敬由来，忽见惊讶，更增常日。于是大代之国，《华严》一经，因斯转盛。

注释

① **齐州山茌**：今山东长清县东北。
② **二果**：即小乘声闻修行所得四果之第二果——一来果。
③ **初果**：即小乘修行四果之初果——预流果。

译文

释志湛，齐州山茌（今山东长清县东北）人，是朗公曾孙之弟子，操行纯厚，寡言少语，一副菩萨心肠。每当进入诸禽兽中，群兽不乱。住于人头山深谷中的衔草寺，此寺为刘宋求那跋摩所建。他以读诵《法华》为常业。临终之日，沙门宝志奏梁武帝曰："北方山茌县人头山衔草寺须陀洹果圣僧，今日入涅槃。"扬都道俗听宝志此言后，皆遥致礼拜。志湛端坐而入寂，气绝之后,两手各伸一指。有西天竺僧解此相云:"若所证为二果(即斯陀含),入寂时伸二指。"可见志湛是初果须陀洹。门人把他埋葬于人头山,并为之立塔,用石灰涂抹,鸟兽不敢在上面拉粪便,至今犹存。

又,范阳五侯寺有一个僧人,已不知其姓氏、法号,一生常诵《法华》。刚死时,埋在当地一堤坝下,后来改葬时,只见他骨肉俱已腐烂,只有舌头不坏。

雍州有一僧人,亦常诵《法华》,在白鹿山一带隐修,感得一童子常来供养。等他死之后,置尸岩下,余骨皆枯腐,只有舌头不烂。齐武成世,并州东一山上有人掘地,见有一块土其色黄白,与旁边之土颜色不同,感到有点奇怪,后终在附近寻得一物,状如两唇,其中有舌还呈赤色,他把这件事上奏齐帝。帝问那些见多识广之大臣,大家都说不知道这是什么原因。沙门大统法上奏曰:"此乃生前念诵《法华经》满千遍者,死后得六根不坏之报也。"齐帝听后,乃敕中书舍人高珍曰:"你是信佛之人,自往看之,必有灵异。此舌应另移静处,设斋供养。"高珍奉敕至彼,召集平时念诵《法华》之僧人,执炉洁斋,围着那个舌头咒愿曰:"菩萨涅槃年代已久,如果佛法流行无谬者,请显现感应。"大家才咒完,只见那舌头已开始蠕动,虽然没有声音,但其状若念诵经典,见者无不肃然起敬。高珍把这情况报告了皇帝，皇帝下敕令用石函藏之，迁于山室。

又，北魏时，有一个乘禅师，受持读诵《法华》，精勤不懈。命终之后，投生于河东薛氏家为第五子。他一生下来就能说话，自说宿世因缘，不愿在俗。其父任北泗州刺史时，随他前往后，便到当地山中之七帝寺，找到当年自己的弟子，就对他说："你还记得当年我从这里渡水往狼山吗？我就是当日的乘禅师。"其父母不想让他出家，就替他娶了妻室。成家之后，就忘了前世之事了。但常产生离世出俗之念头，好独居静思。

又，太和初年（公元四七七年），京城有一位宦官，因为形体不全，自惭形秽，便请求让他入山修道。皇上准奏，他就带了一部《华严经》，日夜读诵，礼悔不止。夏天归山，至六月末，突然胡须尽生，又现丈夫相。皇帝闻讯，对佛教倍增崇敬。于是该国《华严》一经因之十分盛行。

10　兴福

梁蜀都沙门释明达

原典

释明达，姓康氏，其先康居①人也。童稚出家，严持斋戒。初受十戒，便护五根②，年及具足，行业弥峻。胁不着席，日无再饭。外仪轨则，内树道因。广济为怀，游行在务。以梁天监初，来自西戎至于益部③。时巴峡蛮夷，鼓行抄劫，州郡征兵，克期诛讨。达愍其将苦，志存拯拔，独行诣贼。登其堡垒，慰喻招引。未狎其情，俄而风雨晦冥，雷霆震击，群贼惊骇，恻尔求哀。达乃教具千灯，祈诚三宝，营办始就，昏霾④立霁。山泽⑤通气，天地开朗，翕然⑥望国，并从王化。襁负排薮,獭兽前趋者,其徒充泽,遂使江路肃清,往还无阻。兵威不设,而万里坦然。达之力也。

后因行役中,路逢有人缚独[7]在地,声作人语曰:"愿上圣救我。"达即解衣,赎而放之。尝于夜中,索水洗脚,弟子如言,而泥竟不脱。重以汤洗,如前不去,乃自以水灌之,其脚便净。达曰:"此鱼膏也。"更莫测其所从。

行至梓州[8]牛头山,欲构浮图及以精舍,不访材石,直觅匠工,道俗莫不怪其言也。于时三月水竭,即下求木,乃于水中得一长材,正堪刹柱,长短合度,佥用欣然,仍引而竖焉。至四月中,涪水大溢,木流翳江,自泊村岸,都无湍者。达率合皂素,通皆接取,从横山积,创修堂宇,架塔九层。远近并力,一时缮造,役不逾时,欻然成就。而躬袭三衣,并是粗布。破便治补,寒暑无革。有时在定,据于绳床。赫然火起,众往扑灭,唯觉清凉。有沙门僧救者,积患挛躄,来从乞瘥,达便授杖令行,不移晷[9]景,骤步而返。斯阴德显济,功不可识,其例甚矣。

又,布萨时身先众坐。因有偷者穿墙负物,既出在外,迷闷方所,还来投寺,遂喻而遣之。故达化行楚蜀,德服如风之偃仆也。故使三蜀氓流,或执炉请供者,或散华布衣者,或舍俗归忏者,或翦落从法者,日积岁计,又不可纪。以天监十五年,随始兴王还荆州。冬十二月终于江陵,春秋五十有五。

注释

① **康居**:西域古国,位于阿姆河和锡尔河之间。

② **五根**:即眼、耳、鼻、舌、身。

③ **益部**:今四川。

④ **昏霾**:喻世乱。此处应指天候恶劣的情况。霾,落风沙;昏,昏乱。

⑤ **山泽**:山陵与川泽。《易·说卦》:"天地定位,山泽通气。"

⑥ **翕然**:(一)趋舍一致貌;(二)安定貌;(三)凤飞貌。

⑦ **独**:同"豚",即小猪。

⑧ **梓州**:今四川三台、中江等县。

⑨ **晷**:日影。

译文

释明达,俗姓康,祖籍康居(西域古国名),童年出家,严持斋戒。初受十戒,便五根清净;受具足戒后,业行更峻。胁不着席,一日一食。外守轨则,内植道因，慈悲为怀，游化是务。于梁天监初（公元五〇二年）从西域来到蜀部（今四川）。当时巴蜀三峡一带，常有盗贼拦路抢劫，州郡出兵剿讨，务求将这些盗贼追拿归案，明达悲怜这些盗贼，便想去拯救他们。遂独自去到盗贼所在之处，对他们进行劝说，让他们改恶从善。起初盗贼不听劝告，过了不久，突然雷霆骤起，狂风大作，群贼十分惊慌，才向明达求饶。明达就叫他们准备了上千盏灯，真诚祈求三宝。一切准备就绪，昏霁的天候立刻明朗。后来，这些盗贼都归顺了朝廷。遂使路障肃清，往返无阻，兵威不设，而万里坦途，此乃明达之功矣。

有一次，明达在路上行走，适遇有人把一头猪捆绑在地上，其时，只听猪用人话对明达说："愿上圣救我。"明达遂把自己的衣衫脱下来，赎下了这头猪，并把它放走了。他曾经在夜里向弟子要水洗脚，弟子照他所说的端水帮他洗，但脚上的泥巴怎么也洗不掉。遂用热汤洗，还是洗不掉。他就自己用水一冲，结果泥巴一下子就冲掉了。明达对弟子说："是鱼膏也。"更加无法测出其修行的境界。

又有一次，他行至梓州（今四川三台、中江一带）牛头山，准备在那里建造寺塔。他不先找木石，而是先找工匠，大家都觉得很奇怪。其时三月，水源枯竭，江中水变得很浅，他即下水取木，遂于水中取出一长木材，长短大小正好做寺中之柱，大家都十分高兴，就把那根木料竖了起来。至四月时，江水猛涨，漂下来许多木头，到了村边江岸时，就不再漂走了。大家把这些木料搬上来，用这些木料很快就把寺塔建造起来了。他非常俭朴，所穿衣衫均是粗衣，破了就自己补，从不穿皮革制作的衣服。有时入定于绳床之上，突然火起，僧众赶快把火扑灭，大家并不觉得热，相反地有清凉之感。有一个僧人，久患痉挛之疾，来求明达治疗。明达拿了根锡杖给他，让他拄着锡杖走路，没过多久工夫，那个僧人就自己大步走了回来。类似这样的事举不胜举。

又，在布萨时，他常身先众坐。曾有一个小偷，越墙进寺院偷拿东西，走出寺院后，便自觉迷惘，又回到寺里来，明达就晓之以理，动之以情，使他知过认错，就把他放走了。他在楚、蜀一带，声誉甚隆，致使该地不少氓流，或执炉请供，或散花布衣，或舍俗皈依，或自觉从法，凡此等等，不可胜计。于天监十五年（公元五一六年），随始兴王还荆州。是年冬天终于江陵，世寿五十五。

11　杂科声德

陈扬都光宅寺释慧明

原典

释慧明，不知何许人，仪貌像胡，故世以胡明为目。然其利口奇辩，锋涌难加，摘①体风云，铭目时事。吐言惊世，闻皆讽之。后乃听采经论，傍寻书史，捃拾大旨，不存文句。陈文御世，多营斋福。民百风从，其例遂广。众以明骋炫唇吻，机变不思，诸有唱导莫不推指，明亦自顾才力有余，随闻即举。牵引古今，包括大致，能使听者欣欣，恐其休也。

宣帝在位大建②五年，将事北征，观兵河上，已遣大都督程文季等，领军淮浦，与齐对阵。雄气相倾，帝甚忧及，乃于太极殿中，命龟卜之。试拄腹文，飒然长裂，君臣失色，为不祥也。即请百僧，斋时一会，临中仓卒，未测所由。及行香讫，乃陈卜意。明抗声叙致，又述缘曰："卜征龟破，可谓千里路通。既其文季前锋，岂不一期利捷？"时以为浮饰也。

至四月中，次大小岘③与齐大战，俘虏援兵二十余万，军次樵合，吕梁彭越，前无横阵。故下敕云："今岁出师，薄伐边服，所获梁土，则江淮二百许城，东西五千余里。然龟腹长文，号千里也。远验明言，宛同符契。"故明承此势，为业复隆。偏意宗猷，达悟登白者，其量宏矣。莫测其终。

注释

① 摛：舒张之意。

② 大建：应为"太建"，乃宣帝之年号。

③ 岘：即岘山，位于今湖北襄阳南。

译文

释慧明，姓氏不详，仪貌与西北一带少数民族相近，故当时的人多称之为胡明。但他口齿伶俐，辩才无碍，一出口则语惊四座，闻者都极表赞叹。后来他杂糅经论，旁寻书、史，只存意旨，不取文句。陈文帝在位时，多营斋福，上行下效，蔚然成风。当时，因慧明博学多识，口若悬河，每有唱导，大家无不推举他，而他也认为自己才力有余，一般都很欣然从命。他博引古今，盛讲三世，遂使闻者凝神，恐其早歇。

太建五年（公元五七三年），陈宣帝将事北征，观兵于河上，并派大都督程文季，领兵屯于淮浦，与齐军对阵。两军相互对峙，杀气逼人。帝甚感忧虑，乃于太极殿中烧龟壳以占卜，一烧，龟纹长裂，君臣失色，因这乃不祥之兆也。遂请百僧举办斋会。因此斋会举办得很匆促，未向大家详细说明建此斋会之用意。等到行香之后，才说出龟卜不祥之事。此时慧明大声说道："卜征龟破，可谓千里顺通，既是文季先锋，龟纹长裂，岂不是一期利捷？"当时有人以为这是巧言浮饰。

其年四月中，在大小岘（在今湖北襄阳南）与齐大战，俘虏援兵二十余万大军于行进途中，吕梁彭越所向披靡。陈宣帝遂下敕云："此次出征讨伐，所获梁土，江淮二百余城，东西五千余里，这与慧明所释龟纹长裂之兆正相符应。"自那之后，慧明声誉愈隆，朝野推崇。

源流

在隋唐之前,已有梁宝唱、慧皎等所编纂之十几部僧传,《梁高僧传》之"源流"部分,已对此作了介绍,今不一一赘述。道宣续慧皎之《梁传》所编纂的这部《唐传》,自问世之后,就引起了佛教界、史学界特别是佛教史界的广泛关注,不少史书都予著录,各种藏经也均有刊载。现在较常见的线装藏经如《碛砂藏》《嘉兴藏》《频伽藏》及朝鲜的《高丽藏》和日本的《弘教藏》《卍字藏》《大正藏》等均有此传,但卷数略有小异,有的为三十卷,有的为三十一卷,有的则为四十卷;所收录的人数也不尽相同,有正传三四〇人、附传一六〇人说,也有正传四一四人、附传二〇一人说。为了使读者对几种卷数和收录人数不同的版本有一个梗概的了解,现对有关版本作一个简要的考察。

据著名历史学家陈垣先生考证：收有《唐高僧传》的《大藏经》，"现在通行者有三种本：一为三十卷，即高丽本及频伽本是也；二为三十一卷，即宋元本、碛砂藏本是也；三为四十卷，即嘉兴藏本及扬州本是也"（《中国佛教史籍概论》，中华书局一九八八年版，第三十四页至三十五页）。此中三十卷本与三十一卷本之差异在于，后者在前者的二十卷和二十五卷后各增一卷，又把前者之二十七卷和二十八卷合为一卷，故宋元本比高丽本多出一卷。至于三十卷本与四十卷本的差异，史上说法较多：

一、《唐高僧传》作者道宣在自己的另一部著作《大唐内典录》中，于《续高僧传》外，另有一《后集续高僧传》，十卷。

二、《旧唐志》中也有两部《续高僧传》之记录。

三、《开元释教录》仅载《续高僧传》三十卷，并没有《后集续高僧传》十卷。但作者智升又有"《内典录》更有《后传》，寻本未获"之语。

陈垣根据以上资料，怀疑宋元本所增加之七十余传，即是采自《后传》，也就是说，《大唐内典录》中所说的《后集续高僧传》，后来被糅入现行之《唐高僧传》中。至于何以由原来之三十卷，一变而为四十卷，陈先生认为主要是因为此传自《开元录略出》后，就分为四帙，而明本多以十卷为一帙，故有四十卷之说。陈垣先生此番考证，后来得到佛教界、学术界的普遍认同，在未有更多新资料足以推翻此说之前，至少可把它备为一说。

与《后集续高僧传》被糅入《唐高僧传》相联系的另一个问题，是几种版本所收录僧数的差异问题，对此，陈垣先生也进行了深入的考证。他认为，正因为《后集》被糅入了《唐高僧传》，由此造成收录人数的增加，他以《唐高僧传》中实际收录的僧人，并非迄于贞观十九年，而是终于麟德二年，进一步印证了"糅入"说。至于《后集》何时被糅入《唐高僧传》中，陈先生以慧琳《一切经音义》及可洪之《藏经音义随函录》均作三十卷，且无所增诸传之音等，说明"增多七十余传，自宋始"。

四、对于本传卷数之差异，还有一点必须于此说及，即现在流行最广的两种本子：金陵刻经处本与《大正藏》本，它们的卷数分别为四十卷和三十卷。我们在本书的"题解"中已经指出，由于金陵刻经处本几经校勘，错讹相对少些，故本书以金陵刻经处本为底本；但现在通行的各种工具书及有关资料对于《唐高僧传》卷数及其各卷与各科内容对应关系的介绍，则多持三十卷说。为了使读者便于查阅，本书在介绍全传卷数及各卷

源流 297

与各科的对应关系时，取《大正藏》本的三十卷说。有鉴于此，这里有必要把金陵刻经处本和《大正藏》本各卷与各科的对应关系作一比照，使读者能一目了然：

     《大正藏》本   金陵刻经处本

一、译经 第一至第四卷   第一至第五卷

二、义解 第五至第十五卷 第六至第十九卷

三、习禅 第十六至第二十卷 第二十至第二十六卷

四、明律 第二十一至第二十二卷 第二十七至第二十九卷

五、护法 第二十三至第二十四卷 第三十至第三十二卷

六、感通 第二十五至第二十六卷 第三十三至第三十六卷

七、遗身 第二十七卷   第三十七卷

八、读诵 第二十八卷   第三十八卷

九、兴福 第二十九卷   第三十九卷

十、杂科 第三十卷   第四十卷

解说

中国古来就有"道由人弘"的说法，意谓任何一种学说、主张乃至任何一种宗教、文化，都有赖于人的传扬、弘化。如果说，佛教"三宝"中"法"即是指佛之"道"，那么，此中之"僧宝"就担负着弘扬"佛道"之使命，此正如元代僧人昙噩在《六学僧传·序》中所说："佛法非僧业弗行，僧业非佛法弗明。"可见，僧业对于佛法之传布具有十分重要的作用。为了使历史上高僧之德业能够得到表彰和弘扬，更为了时僧有所依仿、后人得到启迪，从而使佛法能够不断发扬光大……历代作者正是出于这一目的而费尽心血编纂各种《高僧传》。

自六朝至宋明各部僧传所辑录的历代高僧，或以传译经典、阐释义理而使慧灯长传，或以神通利物、遗身济众而使佛法深入人心；有的以精进修禅为四方禅林作则，有的则以戒律严谨而成为天下学僧之模范。

凡此等等，历代《高僧传》确实具有"明僧业而弘佛法"之宗教意义。

其次，作为僧传，各部《高僧传》之史学价值更是毋庸置疑。不难想象，如果没有这代代相续之各部《高僧传》，治中国佛教史者恐将无从下手。不但如此，由于各部《高僧传》都是作者或花费数十年心血，甚或倾注毕生精力才完成的，他们或南走闽越、北陟燕台，或身临大川、足履危岩，碌碌奔波于荒山废刹之间，苦心搜讨于各种碑铭墓志之上，因此，僧传中所记录的许多资料，往往为正史所不载而又是研究当时许多思想家特别是佛教思想家所不可或缺的。就此而论，各部《高僧传》不仅具有重要的宗教意义，而且具有重要的学术价值。

进而论之，自慧皎倡高蹈远遁，易"名"以"高"，以高风亮节为选录传主之标准后，各部《高僧传》多注重僧人之道行德操，正因为如此，每个有缘读到《高僧传》的人，从书中所得到的，就不仅仅是一些佛教知识和历史资料，而是可以在思想上得到洗练或熏陶。从这个意义上说，《高僧传》还具有温渥人心、净化心灵的作用。

另外，正如宗教本身就是一种文化现象，《高僧传》之文化价值也是不容忽视的。在《梁》《唐》《宋》

三部僧传中，人们看到了不同地域、不同民族之间的文化交流与融汇，从法显之《佛国记》到玄奘之《大唐西域记》，再到义净之《南海寄归内法传》等，都在中外文化交流史上留下了光辉的一页。虽然从主观上说，他们也许是为求法而西行或为弘教而求法，但在客观上，他们为中印文化之交流所起的作用是有目共睹的。再如译经，把印度佛典翻译成汉语，这本身就是一个文化的传播与交流。《高僧传》中屡屡语及的佛经翻译之历史衍变及译经之规则……诸如道安之"五失本三不易"、隋彦琮之"八备"、唐玄奘之"五不翻"及宋赞宁之"六例"等，对于今日世界各国之间的文化传播与交流都具有重要的参考意义。

当然，《高僧传》作为古代僧人的著作，一如所有的历史著作一样，都有其二重性，例如传中在赞颂高僧之道行时，往往过分渲染其神通，以至于挪动嵩岳于千里之外也易如反掌等等，这些都有待读者加以理性的审视和甄别。又如传中虽然提供了许多甚至连正史也不曾言及的十分宝贵的历史资料，但是，史实不当、记载错误之事亦屡屡有之，这就要求读者应该善于去伪存真，弃其糟粕，取其精华，唯有如此，才能真正做到开卷有益。

参考书目

1.《西域地名》 冯承钧原编 陆峻岭增订 中华书局一九八二年版

2.《释迦方志》 唐·道宣著 中华书局一九八三年版

3.《大慈恩寺三藏法师传》 唐·慧立 彦悰著 中华书局一九八三年版

4.《法苑珠林》 唐·道世编纂 上海古籍出版社一九九一年版 宋碛砂藏影印本

5.《太平广记》 宋·李昉等编 中华书局一九八六年版

6.《一切经音义》 唐·慧琳撰 上海古籍出版社据狮谷本影印 一九八八年版

7.《搜神记》 晋·干宝撰 岳麓书社一九八九年版

8.《世说新语》 刘宋·刘义庆撰 岳麓书社一九八九年版

9.《魏书·释老志》 齐·魏收撰 上海古籍出版社、上海书店一九八七年版

10.《隋书·经籍志》 唐·魏征撰 上海古籍出版社、上海书店一九八七年版

11.《中国佛教史传丛刊》（第二册） 建康书局一九五八年版

12.《佛学研究十八篇》 梁启超著 中华书局一九八九年影印本

13.《中国佛教史籍概论》 陈垣著 中华书局一九八八年版

14.《佛家名相通释》 熊十力著 中国大百科全书出版社一九八五年版

15.《汉魏两晋南北朝佛教史》 汤用彤著 中华书局一九八三年版

16.《隋唐佛教史稿》 汤用彤著 中华书局一九八二年版

17.《周叔迦佛学论著集》 周叔迦著 中华书局一九九一年版

18.《中国佛教史》（第一卷、第二卷、第三卷） 任继愈主编 中国社会科学出版社一九八八年版

19.《佛光大辞典》 佛光出版社一九八八年版

20.《佛学大辞典》 丁福保编纂 文物出版社一九八四年版

21.《三藏法数》 明·一如法师编纂 佛陀基金会一九九一年印

22.《中国人名大辞典》 臧励和等编 上海书店据商务印书馆一九二一年版影印

23.《中国佛教》（一、二） 中国佛教协会编 知识出版社一九八六年版

24.《中国古今地名大辞典》 臧励和等编 商务印书馆一九三一年版

25.《中国佛学人名辞典》 比丘明复编 中华书局一九八七年影印本

26.《佛典精解》 陈士强撰 上海古籍出版社一九九二年版

27.《高僧传研究》 郑郁卿著 文津出版社一九八七年版

28.《佛门人物志》 褚柏思著 传记文学出版社一九七九年版

29.《中国历代思想家传记汇诠》（魏晋……北宋分册） 王蘧常主编 复旦大学出版社一九八八年版

30.《中国古代宗教与神话考》 丁山撰 上海文艺

参考书目 309

出版社一九八八年影印本

31.《印度佛教史》 多罗那它著 张建木译 四川民族出版社一九八八年版

32.《佛藏子目引得》 洪业等编纂 上海古籍出版社一九八六年版

33.《骈字类编》 清·张廷玉等编 北京市中国书店一九八八年版

34.《中国佛教思想资料选编》 石峻等编 中华书局一九八三年版

出版后记

星云大师说:"我童年出家的栖霞寺里面,有一座庄严的藏经楼,楼上收藏佛经,楼下是法堂,平常如同圣地一般,戒备森严,不准亲近一步。后来好不容易有机缘进到藏经楼,见到那些经书,大都是木刻本,既没有分段也没有标点,有如天书,当然我是看不懂的。"大师忧心《大藏经》卷帙浩繁,又藏于深山宝刹,平常百姓只能望藏兴叹;藏海无边,文辞古朴,亦让人望文却步。在大师倡导主持下,集合两岸近百位学者,经五年之努力,终于编修了这部多层次、多角度、全面反映佛教文化的白话精华大藏经——《中国佛教经典宝藏》,将佛教深睿的奥义妙法通俗地再现今世,为现代人提供学佛求法的方便途径。

完整地引进《中国佛教经典宝藏》是我们的夙愿,

三年来，我们组织了简体字版的编审委员会，编订了详细精当的《编辑手册》，吸收了近二十年来佛学研究的新成果，对整套丛书重新编审编校。需要说明的是此次出版将丛书名更改为《中国佛学经典宝藏》。

　　佛曰：一旦起心动念，也就有了因果。三年的不懈努力，终于功德圆满。一百三十二册，精校精勘，美轮美奂。翰墨书香，融入经藏智慧；典雅庄严，裹沁着玄妙法门。我们相信，大师与经藏的智慧一定能普应于世，济助众生。

东方出版社